Marianne Späh • Das Hundebuch

OMNIBUS

DIE AUTORIN

Marianne Späh wurde 1941 als Tochter der Schriftstellerin Lise Gast geboren. Sie war gerade elf Jahre alt, als das erste Shetlandpony in die Familie kam. Auf ihm lernte sie reiten und seitdem ist sie begeistert von allem, was mit Pferden zu tun hat. Bevor sie eine Ausbildung zur Buchhändlerin absolvierte, arbeitete sie als Bereiterin und Reitwart. Heute bewohnt sie mit ihrem Mann und ihren Söhnen ihren Ponyhof in Lorch, wo sie viel reitet, Ponys züchtet und Bücher schreibt.

Marianne Späh

Das Hundebuch

Geschichten, Tipps und Wissen
für junge Hundefreunde

Illustrationen von
Angelika Stubner

OMNIBUS

OMNIBUS

Der Taschenbuchverlag
für Kinder und Jugendliche
von Bertelsmann

Band 20249

Von Marianne Späh ist bei
OMNIBUS erschienen:

Das Ponybuch (20166)
Das Katzenbuch (20234)

*Für Mücke
und Monika*

*Umwelthinweis:
Dieses Buch wurde auf chlorfrei gebleichtem
Papier gedruckt.*

Erstmals als OMNIBUS Taschenbuch April 1997
Gesetzt nach den Regeln der Rechtschreibreform

Originaltitel: »Leselöwen Hundebuch«
Umschlagbild: Angelika Stubner
Umschlagkonzeption: Klaus Renner
kk · Herstellung: Martin Strohkendl
Satz: All-Star-Type Hilse, München
Druck: Presse-Druck Augsburg
ISBN 3-570-20249-6
Printed in Germany

www.omnibus-verlag.de

10 9 8 7 6 5 4 3

Inhalt

Auf den Hund gekommen?

»Mal sehen, ob die Anzeige heute drin ist«, murmelte Anne und fischte die zusammengefaltete Zeitung aus dem Briefkasten. Selbst durch die geschlossene Haustür drang noch der Verkehrslärm der Leopoldstraße herein.

Wenn Großmutter vom Land zu Besuch kam, war dieser Lärm das erste, was sie bemerkte: »Nein, Kinder, wie könnt ihr es bei diesem Krach nur aushalten. Kein Auge mache ich hier zu«, sagte sie jedes Mal.

Für Anne waren das Quietschen der Bremsen und das Aufheulen der Motoren gewohnte Geräusche, die sie keineswegs störten. Würde der Verkehr nachts plötzlich aufhören, so würde sie wahrscheinlich von dieser Stille wach werden. So wie die Müller früher immer wach wurden, wenn die Mühle mit einem Mal stillstand.

Jetzt überlegte sie einen Augenblick lang, ob sie die Zeitung gleich hier unten im Treppenhaus nach der Anzeige durchsuchen sollte. Dann entschloss sie sich jedoch, lieber die breite Treppe zur Wohnung im dritten Stock hinaufzusteigen.

Vor der Wohnungstür angelangt, bückte sie sich ein wenig, um mit dem Schlüssel das Schloss zu erreichen. Der Schlüssel hing an einem Band um ihren Hals.

Früher war sie deswegen in der Klasse verspottet worden: »Unser Schlüsselbaby«, hatte sie immer wieder zu hören bekommen. Als sie sich jedoch daraus nichts mehr gemacht hatte, war der Spott schnell verflogen. Sie hielt diese Art der Aufbewahrung des Schlüssels noch immer für die beste. Wie lange musste sie oft vor der Tür warten, wenn der Vater in seinen Taschen nach seinem Schlüssel grub!

Anne knallte die Tür hinter sich zu, warf den Ranzen auf den Boden und breitete die Zeitung auf dem Küchentisch aus. Politik, Wirtschaft, Kultur … Vielleicht ging es von hinten her schneller: Sonderangebote, Kinoanzeigen. Wo war nur der Minimarkt? Sie blätterte hin und her. Ach ja, hier waren die Kleinanzeigen. Mit dem Zeigefinger der Rechten glitt sie die Spalten hinunter. Mit dem linken Unterarm hielt sie die Zeitung fest: Autos, Waschmaschinen, Putzfrauen ... Suchend glitt der Finger mit dem kurzen, breiten Nagel auf und ab.

»Jetzt warte doch einen Augenblick. Gleich darfst du raus«, antwortete sie mechanisch auf das fordernde Gezwitscher, das schon eher einem Geschrei glich. Hermann, der Nymphensittich, verlangte, aus dem Käfig gelassen zu werden. Anne war unschlüssig. Sollte sie erst den Vogel herauslassen oder sich weiter das Geschrei anhören?

»Na komm schon. Du hast auch ein Recht auf Freiheit«, meinte sie und öffnete die Käfigtür. Der Vogel hüpfte an den Käfigrand und breitete die Flügel aus. Anne kniete schon wieder auf dem Hocker. Während sie weiter die Zeitung studierte, flog Hermann ein paar Runden, bevor er sich auf ihrem Kopf niederließ. Dort zupfte er zur Begrüßung zärtlich an ihren rotbraunen, krausen Haaren.

»Du hast Haare wie ein Drahthaarterrier«, pflegte die Großmutter zu sagen. »Solch ein Gestrüpp braucht man nur hin und wieder zu bürsten und einmal im Vierteljahr zu *trimmen.*«

Großmutter züchtete Deutsche Doggen. Sie verstand etwas von Hunden. Wahrscheinlich hatte Anne von ihr die nahezu krankhafte Leidenschaft für Tiere geerbt.

»Da ist sie ja«, quiekte Anne auf einmal begeistert, nahm einen Stift und machte einen dicken Kringel um die Anzeige. Hier stand:

Junges Mädchen übernimmt nachmittags und in den Ferien zuverlässig die Betreuung Ihres Hundes.

Darunter stand ihre Telefonnummer. Hermann war vor Schreck aufgeflogen, kreiste schimpfend um Annes Kopf und setzte sich dann auf den ausgestreckten Zeigefinger der Linken.

»Komm nur, sei nicht so. Die Mama ist schon wieder still.«

Anne rieb ihre Nase beruhigend am Schnabel des kleinen Vogels. Dabei lauschte sie auf das Telefon. Hermann war ein Weihnachtsgeschenk der Großmutter. »Damit du armes Stadtkind was Lebendiges im Haus hast«, hatte sie gesagt.

Würde jemand auf die Anzeige anrufen? Anne wünschte sich so sehnlich einen Hund. Aber es war ihr klar, dass sie selbst keinen besitzen konnte. Hier in der Stadtwohnung, jedoch nahe dem Englischen Garten, wäre es zwar möglich, einem Hund genügend Auslauf zu verschaffen. Der Haken an der Sache jedoch war, dass ihre Eltern beide arbeiten gingen und sie am Vormittag in der Schule war. So hätte der Hund vormittags allein bleiben müssen. Und das, nein, das wollte Anne »ihrem Hund« nicht zumuten. So war sie auf die Idee mit der Anzeige gekommen. Während sie wartete, dass der vorgekochte Eintopf warm wurde, klingelte das Telefon. Mit Hermann auf der Hand sauste sie den langen, schmalen Flur der Altbauwohnung entlang. Dann hielt sie atemlos den Hörer ans Ohr.

»Sind Sie die junge Dame, die sich nachmittags um Hunde kümmern möchte?« Die Stimme des Mannes klang weich, schmeichelnd und hatte einen leichten Akzent. In ihrer Aufregung hätte Anne am liebsten sofort ja gesagt. Aber irgendetwas in ihrem Inneren warnte sie. Deshalb antwortete sie nach kurzem Zögern: »Eigentlich ja.«

»Was heißt eigentlich? Wissen Sie was, junges Fräulein? Ich schicke meinen Wagen mit dem Fahrer bei Ihnen vorbei. Dann können Sie meine Hunde besichtigen. Einverstanden?«

»Das geht leider nicht. Ich habe schon bei jemandem anderen zugesagt«, log sie mit klarer Stimme und wun-

derte sich dabei über sich selbst. Rasch legte sie den Hörer auf. Da war doch etwas faul. Diese Anrede: Junges Fräulein! Und dann einen Wagen schicken. Dazu diese Stimme! Noch im Nachhinein bekam sie eine Gänsehaut.

»Das hab ich fein gemacht. Nicht wahr, Hermann? Ich wusste gar nicht, dass ich so gut schwindeln kann.«

Zufrieden kehrte sie in die Küche zurück. Während sie die Suppe löffelte, saß Hermann auf dem Tellerrand. Sein grauer Kopf mit den roten Bäckchen und der Federkrone folgte konzentriert der Bewegung des Löffels.

»Na, probier mal, ob Mom gut gekocht hat.« Sie hielt dem Vogel den Löffel hin. Der hielt den Kopf schräg, als überlege er. Dann zog er bedächtig eine Nudel vom Löffel und verspeiste sie genüsslich. Wieder klingelte das Telefon. Anne zögerte. Sollte sie abheben? Der unheimliche Anruf hatte sie misstrauisch gemacht.

»Ach was. Ich werde die Stimme schon erkennen, und dann lege ich schnell auf.« Den Teller nahm sie vorsichtshalber mit. Sie kannte ihren Hermann. Der würde in ihrer Abwesenheit das Essen auf dem ganzen Tisch verteilen. Sicherheitshalber meldete sie sich mit »Hallo«.

»Ja, wissen S', mei Frau ist krank, und unser arm's Hunderl kimmt gar nimmer an d' frische Luft. Der arm' Wastel, der«, hörte sie einen waschechten Bayern am Ende der Leitung. Anne stieß einen Seufzer der Erleichterung aus.

»Was ist denn der Wastel für ein Hund?«, erkundigte sie sich begierig.

»Nu, a Dackerl halt. So a saufarbig's Dackerl. Ganz jung ist er nimmer und ganz schlank auch nimmer. So, wie halt a alter Bayer aussieht.«

Anne prustete vor Lachen. Sie konnte sich den Hund genau vorstellen. Der Mann am Ende der Leitung erklärte ihr noch, wo sie den Hund abholen könne. Es war gar nicht weit weg. Nur zwei U-Bahnstationen entfernt. Sie versprach gegen drei Uhr zu kommen und legte auf. Nun musste sie schnell ihre Schularbeiten machen.

Während Anne unter den vielen Schildern den Namen Schmelcher suchte, wischte sie sich den Schweiß von der Stirn. Dass es schon im Mai so warm war! Oder schwitzte sie vor Aufregung?

»Hallo, wer ist da?«, schnarrte es aus der Sprechanlage.

»Ich komme wegen Wastel.« Sie stemmte sich gegen die Tür und schaute dabei rasch noch einmal auf die Namensschilder. »Sechster Stock«, murmelte sie und ging ins Haus. Drinnen war es angenehm kühl und dämmrig. Gottlob entdeckte sie gleich den Aufzug. Sechs Stockwerke zu Fuß hinauf, sechs Stockwerke mit dem alten Bayern hinunter? Vielen Dank! Herr Schmelcher stand erwartungsvoll an der Wohnungstür, als Anne aus dem Aufzug trat.

»Wie schön, dass Sie kommen, Fräulein. Schau, Wastel, das ist deine neue Freundin.« Leicht keuchend ging der Mann in die Hocke und zog ein dickes, struppiges Etwas hinter sich hervor. Diese Sofarolle sollte fortan ihr Begleiter sein?

Wenn sie an die schlanken, hochbeinigen Doggen der Großmutter dachte! Anne überwand ihre Abscheu und ging ebenfalls in die Hocke.

»Komm, Wastel, genier dich nicht«, lockte sie. Ein misstrauisches Knurren war die Antwort.

»Sie brauchen's net zu fürchten, Fräulein. Das tut er immer. Aber beißen, na, beißen tut er net.« Damit erhob sich Herr Schmelcher, wieder hörbar keuchend. Anne hatte dem Dackel vorsichtshalber ihre zur Faust geballte Hand vor die Nase gehalten. Ein kleiner Hund kann zwar in die Finger beißen, in die geballte Faust jedoch kaum. Das wusste sie von Großmutter. Der Dackel schnüffelte misstrauisch, wagte dann ein ganz kleines, kaum angedeutetes Wedeln.

»Na also, weshalb musst du erst knurren«, stellte sie befriedigt fest und erhob sich.

»Haben Sie eine Leine? Dann gehen wir gleich.«

»Und was kriegen S' auf d' Stund'?«, wollte der Mann wissen.

»Ich, etwas kriegen?« Anne war ganz verwirrt.

»Nun, fürs Babysitten täten S' doch auch a Geld kriegen«, erwiderte er und kramte in seinem abgegriffenen Geldbeutel. Anne zuckte mit den Schultern.

»Wissen S' was? Das können Sie sich unterwegs überlegen. Das hier ist erst einmal für ein Eis. Bei der Hitz'n.« Er steckte Anne ein Geldstück in die Hosentasche.

»Meine Frau ist hüftleidend. Wenn ich auf Arbeit bin, dann braucht sie was zur Unterhaltung. Weil doch unsere Kinder aus dem Haus sind.«

»Wie alt ist denn der Wastel?«, wollte Anne wissen. Den Zusatz: »Er ist viel zu dick« verschwieg sie lieber.

»Sechs Jahre«, erwiderte Herr Schmelcher. »Ich weiß schon, dass er a bisserl korpulent ist. Aber er isst leidenschaftlich gern, so wie wir auch. Meine Frau kann ihn halt nicht betteln sehen.«

Anne befestigte die Leine am Halsband.

»Also, dann komm, Wastel.« Der Hund ließ sich flach auf den Bauch fallen, legte seinen Kopf zwischen die Vorderpfoten und schloss die Augen.

»Na komm schon, Wastel, tot stellen gilt nicht. Ich sehe dich trotzdem.« Anne zupfte sanft an der Leine. »Gassi gehen«, lockte sie mit süßlicher Stimme.

Nichts. Der Hund rührte sich nicht. Kein Schmeicheln half. Sie musste ihn auf den Arm nehmen.

»Bis später«, rief sie dem Besitzer zu und keuchte zum Aufzug. »Ein mittelgroßes Spanferkel ist leichter«, dachte sie halb wütend, halb belustigt. Auf der Straße angekommen, setzte sie den Hund, nach Luft schnappend, auf den Gehweg. Hupend und lärmend rauschte der Münchner Verkehr an ihnen vorbei. Anne wollte eilig die Richtung zum Englischen Garten einschlagen. Aber von Eile konnte keine Rede sein. Wastel wackelte schwerfällig, nach wenigen Metern laut keuchend, neben ihr her. Die großen Augen schienen vor Anstrengung aus den Höhlen zu quellen. Sein Blick war starr geradeaus gerichtet.

»Na, Wastel, sollen wir eine Pause machen?« Mitleid stieg in ihr auf. Mitleid für diesen hässlichen, dicken, keuchenden kleinen Kerl. Der Dackel hatte sich sofort niedergelegt und sah sie dankbar an. Sie hockte sich neben ihn und streichelte sein hartes Fell.

»Auf geht's, lauf noch ein bisschen«, ermunterte sie ihn nach einer kleinen Pause. Wastel erhob sich mühsam und trottete widerwillig neben ihr her. Bei solch schlenderndem Gang hatte Anne Zeit zum Nachdenken. Früher war sie verächtlichen Blickes an solch überfütterten Hunden vorbeigegangen. Nun war sie selbst solchen Blicken ausgesetzt.

»Wenn ich ihn jeden Tag hole und immer ein bisschen länger mit ihm gehe, dann nimmt er vielleicht ab und wird wieder fit«, überlegte sie. »Mach dir nur nichts vor«, hörte sie eine andere Stimme in sich sagen. »Deine Mühe ist umsonst. Die alte Tante wird ihn weiterhin mit Knödeln und Schokolade vollstopfen. Was willst du dagegen machen?« Zorn stieg in ihr auf. Mussten Menschen sich einen Hund kaufen, wenn sie ihn nicht artgerecht halten konnten? Wenn sie ihn als Kindersatz voll stopften, sodass aus dem springlebendigen Dackel eine Sofarolle mit Beinen wurde? »Tierquälerei«, dachte Anne verächtlich.

Schon wieder mussten sie Pause machen. Das Keuchen des Dackels wurde erschreckend laut.

»Wenn er nur keinen Herzanfall bekommt!« Anne zog ihn in den Schatten einer Hauswand. Den Spaziergang im Englischen Garten konnte sie sich aus dem Kopf schlagen. So weit schaffte es der Hund nie! Sie schaute auf die Uhr. Nach zwanzig Minuten schlendernden Spazierganges war der Hund fix und fertig. Keuchend, nach

Luft schnappend, lag er vor ihr. Gelangweilt schaute sie auf die vorüberhastenden Menschen, während sie lauschend darauf wartete, dass sich der Atem des Hundes beruhigte.

»So, jetzt gehen wir heim«, meinte sie und erhob sich. Bei dem Wort »heim« wedelte Wastel ein wenig mit dem Schwanz. Der Rückweg dauerte nicht ganz so lange. Zwar musste sich der Hund auch jetzt hin und wieder ausruhen. Aber es schien, als würde er all seine Kräfte zusammennehmen, um das schützende Heim so schnell wie möglich zu erreichen.

»Du Schauspieler«, meinte Anne. »Kannst also doch ein bisschen besser laufen, als ich dachte.« Lobend streichelte sie über den Rücken des Hundes, bevor sie den Klingelknopf »Schmelcher« drückte.

Oben musste sie ein Weilchen warten, bevor sich die Tür öffnete. Anne hatte sich eine Rede zurechtgelegt. Sie wollte den Schmelchers ordentlich ihre Meinung sagen über Tierquälerei, Überfütterung und so weiter. Als sich dann aber die Tür öffnete, blieben ihr die Worte im Hals stecken. Eine ältere Frau im Rollstuhl saß vor ihr.

»Na, Wastel, war's fein draußen?«, begrüßte sie ihn liebevoll. Der Dackel war hochgesprungen, hatte die Vorderpfoten auf die Knie der Frau gelegt und winselte vor Freude.

»Ja, mein Hundchen, wie gern würde ich selber mit dir spazieren gehen. Aber das wird wohl noch ein Weilchen dauern.« Sie seufzte kaum hörbar. »Haben Sie noch ein bisschen Zeit?«, wandte sie sich Anne zu, die unsicher in der Tür stand. Wie verhielt man sich in solch einer Situation? Musste sie jetzt irgendetwas sagen wegen des Rollstuhles, oder sollte sie den einfach übersehen? Um Zeit zu gewinnen, schaute Anne auf die Uhr.

»Ja, ich weiß. Junge Leute haben nie Zeit«, lachte die Frau. Obwohl man es nicht hören sollte, klang ein ganz klein wenig Bitterkeit in ihrer Stimme mit.

»Doch, ein bisschen kann ich schon bleiben. Außerdem dürfen Sie ruhig du zu mir sagen. Ich bin noch lange nicht sechzehn.«

»Also, dann komm herein. Sicher bist du durstig. So warm, wie es draußen ist. Wenn du so nett bist und die Tür zumachst?« Geschickt steuerte sie den Rollstuhl in die Küche. Hier war alles blitzblank und aufgeräumt.

»Magst du lieber Limonade oder Orangensaft?«, fragte sie und öffnete den Kühlschrank. »Ja, der Wastel ist auch durstig. Mein Wastel bekommt Milch«, redete sie zwischendurch auf den Hund ein. Der war gleich zum Kühlschrank gewackelt und saß nun mit erwartungsvoll wedelndem Schwanz da.

»Milch«, sagte Anne entsetzt. »Milch ist Gift für einen so überfütterten Hund.«

»Er trinkt aber nichts anderes«, antwortete Frau Schmelcher. »Mein Mann trinkt auch kein Wasser, wenn er Durst hat, sondern Bier.«

»Was Ihr Mann trinkt, ist mir ziemlich egal. Aber erwachsene Hunde sollen keine Milch trinken. Und überhaupt ist der Hund viel zu fett!« Nun kam doch alles heraus, was Anne auf dem Spaziergang durch den Kopf gegangen war. Eigentlich hatte sie sich vorgenommen, alle ihre Gedanken zur Hundehaltung hübsch diplomatisch vorzubringen. Aber nun kamen ihr die Worte holterdiepolter und gar nicht diplomatisch über die Lippen. Die Frau hatte, ein wenig erschrocken, dem Wortschwall zugehört. Als Anne dann noch von Tierquälerei sprach, zuckte die Dame zusammen. Anne biss sich auf die Lippen. Wie kam sie dazu, einem fremden Menschen solche Vorwürfe zu machen? Mit Recht würde sie ihr sofort die Tür weisen. Frau Schmelcher sagte zuerst kein Wort, als Anne betreten schwieg. Nach einer peinlichen Stille meinte die Frau dann: »Du magst wohl Hunde lieber als Menschen?« Anne war von dieser Reaktion nicht nur verblüfft, sondern auch beschämt.

»Ja, nein«, stotterte sie.

»Dann setz dich ein bisschen zu mir und wir überlegen zusammen, wie wir den Wastel wieder hinkriegen. Ich will nicht, dass er wegen mir leidet. Nur, du siehst ja selbst, ich kann nicht mehr mit ihm spazieren gehen. Jedenfalls nicht in nächster Zeit. Das Problem ist außerdem, dass er halt so gern isst. Ich kann nicht widerstehen, wenn er mich mit seinen lieben Augen anschaut. Aber wenn du meinst, dass es notwendig ist, dann will ich ihn gern betteln lassen. Kannst du jeden Tag kommen und mit ihm gehen?«

»Am liebsten würde ich nicht nur mit dem Wastel gehen, sondern auch mit Ihnen«, antwortete Anne spontan. Ihr wurde ganz warm ums Herz bei dem Gedanken, was sie doch für ein guter Mensch sei. Sie würde sich nicht nur mit dem überfütterten Hund, sondern noch dazu mit einer alten Frau im Rollstuhl auf die Straße wagen!

»Darüber reden wir später. Wenn du nur kommen

kannst und mit dem Hund gehst. Vielleicht …«, sie zögerte. »Eigentlich würde ich gern mit dir ein bisschen in der Stadt herumfahren, Schaufenster ansehen und ein bisschen schwatzen. Manchmal ist es recht einsam hier, selbst wenn ich den Wastel habe.«

Auf dem Nachhauseweg war Anne in Gedanken versunken. Was hatte sie sich da aufgeladen!

»Ach was«, dachte sie und schüttelte den roten Schopf. »Da schlage ich gleich zwei Fliegen mit einer Klappe. Ob ich nun mit dem Hund gehe oder gleichzeitig noch den Rollstuhl schiebe, das Tempo bleibt dasselbe.«

Zehn Fragen zuvor

Es gibt so viele Gründe, sich einen Hund zu wünschen! Und mindestens ebenso viele Überlegungen können dagegen sprechen. Träumst du auch von einem Hund, der dir ein treuer Begleiter, Freund und Partner sein soll? Dem du alle Kümmernisse erzählen kannst, der dich liebevoll begrüßt, wenn du nach Hause kommst?

Träume sind schön. Aber die Wirklichkeit sieht oft anders aus. Der Gedanke, solch einen haarigen Wuschel daheim zu haben, begeistert dich gewiss. Aus dem süßen Wuschel wird jedoch ein Hund, der dich jeden Tag fordert. Du musst ihn füttern und ausführen, bürsten und pflegen. Er wird Geld und Nerven kosten! Da ist für das Träumen wenig Raum. Jedes Tier, das man ins Haus nimmt, ist auf die Fürsorge und Pflege des Menschen angewiesen. Ein Tier ist kein Spielzeug. Es ist auch kein »Ding«, mit dem man vor seinen Freunden angeben kann. Wie viele Hunde werden in unüberlegter Begeisterung gekauft! Stellt man dann fest, dass sie nicht nur Freude, sondern auch Arbeit, Lärm, Schmutz und Kosten verursachen, so werden sie, wenn sie »Glück« haben, verschenkt. Viele von ihnen werden jedoch an einer Autobahnraststätte ausgesetzt oder an einen Laternenpfahl gebunden und enden im Tierheim. Ich habe dir deshalb ein paar Fragen zusammengestellt. Die solltest du dir ruhig und gewissenhaft durchlesen, bevor ihr euch einen Hund anschafft.

1. Sind deine Eltern einverstanden, dass du einen Hund bekommst? Du darfst sie nicht überrumpeln, indem du einfach einen Welpen ins Haus bringst. Das gibt mit

Sicherheit Probleme. Vielleicht wollen sie dir deinen Wunsch nicht abschlagen, sind aber trotzdem im Grunde ihres Herzens nicht mit dem Tier einverstanden. Sage nicht in deinem Trotz: »Ich versorge ihn ja ganz allein, ihr braucht euch um nichts zu kümmern.«

Auch beim besten Willen kannst du das nicht. Du musst morgens in die Schule gehen. Gut, in dieser Zeit kann er vielleicht allein bleiben. Aber was machst du, wenn er sich vor Sehnsucht verzehrt und der kranken Nachbarin etwas vorweint? Was machst du, wenn er nachts krank wird und du deinen Vater bitten musst, ihn zum Arzt zu fahren? Gegen den elterlichen Willen kannst und sollst du keinen Hund nach Hause bringen! Ist euer Hausvermieter mit einem Hund einverstanden? Hast du deine Nachbarn gefragt? Ein Hund, der während der Mittagsruhe kläfft, kann die beste Freundschaft zerstören!

2. Bist du dir bewusst, dass du für den Hund da bist, nicht der Hund für dich? Hast du jeden Tag genügend Zeit, ihn auszuführen? Es ist nicht damit getan, dass du mit dem Hund sonntags spazieren gehst. Er braucht jeden Tag Bewegung. Leider gibt es nur noch wenige Gegenden, in denen man einfach die Tür aufmacht und den Hund ins Freie lassen kann. Aber selbst wenn du in der glücklichen Lage bist, deinen Hund frei herumlaufen lassen zu können, reicht dies als Bewegung meist nicht aus.

Zudem wird dein Hund verlockt sein sich selbstständig zu machen. Hat er diese Freiheit erst einmal gekostet, wird er täglich bei anderen Hunden Besuche abstatten. Das ist nicht nur ärgerlich für die anderen Hundebesitzer, es ist für deinen Hund und für fremde Autofahrer äußerst gefährlich!

3. Dein Hund kann 12 bis 18 Jahre alt werden. Bist du sicher, ihn so lange halten zu können? Für deinen Hund bist du Vater und Mutter. Stell dir vor, du würdest plötzlich von deinen Eltern getrennt werden. Genauso schmerzlich wäre es für deinen Hund, wenn du ihn nicht mehr haben willst und ihn verschenkst.

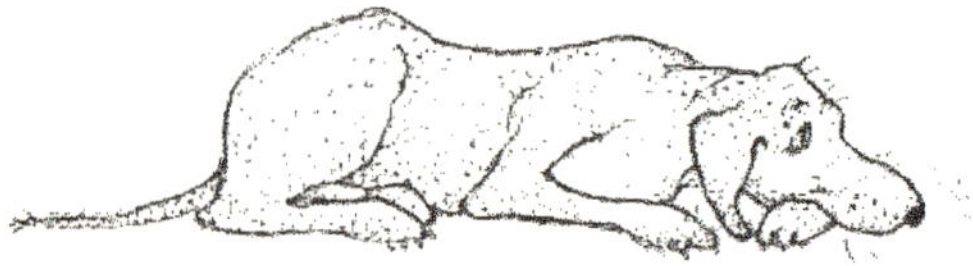

4. Ein gut erzogener Hund, der aufs Wort folgt, ist eine feine Sache. Kein Hund wird jedoch gehorsam geboren. Du wirst viel Zeit, Liebe und Konsequenz aufbringen müssen, bis er zuverlässig gehorcht. Ein unfolgsames Tier ist nicht nur ein ständiges Ärgernis für seine Umgebung, es kann sogar eine recht große Gefahr sein!

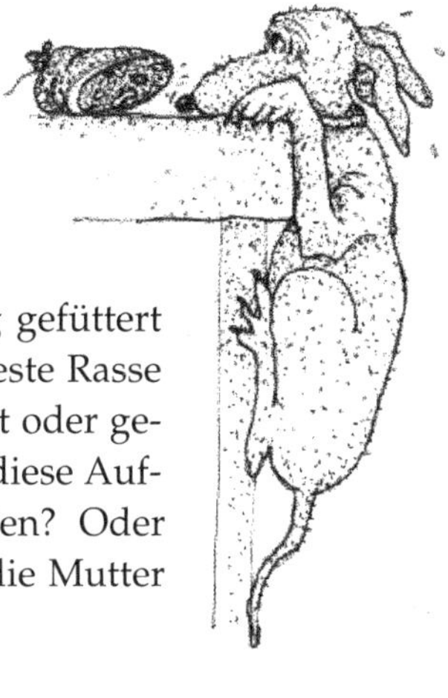

5. Dein Hund muss jeden Tag gefüttert werden. Auch die pflegeleichteste Rasse muss hin und wieder gekämmt oder gebürstet werden. Bist du bereit diese Aufgaben gewissenhaft zu erfüllen? Oder denkst du bei dir: »Das wird die Mutter schon übernehmen?«

6. Habt ihr gemeinsam überlegt, was mit dem Hund werden soll, wenn ihr in den Urlaub fahrt? Nicht alle Hotels und Campingplätze freuen sich über einen »haarigen

Kläffer«! Einen Hund während der Urlaubszeit ins Tierheim zu geben ist sehr problematisch. Nicht nur, weil euer Geldbeutel tüchtig geschröpft wird. Dein Hund wird unter der Trennung sehr leiden. Er versteht die Welt nicht mehr, wenn du ihn plötzlich verlässt. Bei sehr guten Freunden, die deinen Hund bereits kennen oder vielleicht selbst einen haben, ist er am besten untergebracht. Aber solche Freunde sind dünn gesät!

7. Jeder junge Hund ist süß! Findest du das auch noch, wenn er sein Bächlein auf den Teppich macht? Bist du bereit auch nachts aufzustehen, wenn er krank ist und deine Fürsorge braucht?

8. Ist eure Wohnung auf einen Hund eingerichtet? Jedes Tier bringt Schmutz mit ins Haus. Ein junger Hund nagt an Möbeln und Teppichen, ein älterer verliert, zumindest im Frühjahr und im Herbst, Haare. Ist dein Vater ein Sauberkeitsfanatiker, so wird dein Hund für ihn ein ständiges Ärgernis sein!

9. Haben deine Eltern genug Geld, um für den Hund Futter zu kaufen? Er kann nicht von den Abfällen leben, die in der Küche anfallen. In vielen Städten ist die Hundesteuer eine teure Angelegenheit. Außerdem solltest du für

den Hund unbedingt eine Haftpflichtversicherung abschließen! Auch der kleinste Dackel kann einen Verkehrsunfall verursachen. Die Folgen können unabsehbar sein!

10. Die letzte Frage scheint mir die wichtigste: Hast du schon einmal ein Tier verschenkt, weil du keine Lust hattest es zu versorgen? Wenn du diese Frage mit »Ja« beantworten musst, dann solltest du dir keinen Hund anschaffen.

Du hast es in der Hand, ob dein Hund glücklich oder unglücklich ist. Diese Gewissensprüfung soll dir helfen dir Gedanken zu machen, bevor du dir einen Hund kaufst. Stellst du hinterher fest, dass ein Hund nicht das

Richtige für dich ist, wird er der Leidtragende sein. Bist du jedoch bereit, keine Mühe zu scheuen und für deinen Bello zu sorgen, so habt ihr sicherlich viel Freude miteinander.

Was deine Eltern lesen sollten:

Ein Hund im Haus kann für Kinder außerordentlich wichtig sein. Dem Einzelkind ersetzt er teilweise vielleicht die Geschwister, ist Ansprechpartner oder Beichtvater. Kinder lernen, Verantwortung zu übernehmen, Rücksichtnahme auf eine Kreatur, Disziplin bei Wutausbrüchen und vieles mehr. Ein Erwachsener *muss* Anleitung und Hilfestellung geben. Das Kind ist in jedem Falle überfordert, wenn man es mit dem Problem Hund allein lässt!

Die ungezogene Nervensäge

»Stell dir vor, Mom, ich habe einen Hund zum Ausführen. Schön ist er nicht. Aber lieb.« Sie saß auf dem Küchentisch und baumelte mit ihren etwas zu kurzen und etwas zu dicken Beinen. Dabei schaute sie zu, wie die Mutter den Inhalt der großen Einkaufstasche in den verschiedenen Küchenschränken verstaute.

»Hm«, sagte die Mutter, und: »Ach, wirklich?«

»Du hörst ja gar nicht richtig zu, Mom«, maulte Anne.

»Doch, das heißt, eigentlich nicht wirklich«, gab die Mutter zu. »Im Büro ist es mal wieder zugegangen wie im Taubenschlag. So, jetzt bin ich fertig. Übrigens hat jemand für dich angerufen. Wegen deiner Anzeige. Hier ist die Nummer.«

»Ich hab schon einen Hund.« Nun erzählte Anne die ganze Geschichte noch einmal. Diesmal hörte die Mutter aufmerksam zu.

»Das fände ich ganz prima, wenn du die alte Dame ausfahren würdest. Und die Sache mit der Bezahlung sehe ich so: Du solltest ruhig ein paar Mark dafür nehmen. Vielen Menschen fällt es heutzutage schwer dankzusagen. Sie wollen nicht in der Schuld des Gebenden sein. Wenn Schmelchers nicht viel Geld haben, dann

nimmst du halt nur ein bisschen, zwei Mark oder so. Dann haben sie das Gefühl, sie hätten dich bezahlt, und du hast kein schlechtes Gewissen.« Anne überlegte einen Augenblick und nickte dann. Unschlüssig drehte sie den Zettel mit der neuen Telefonnummer in der Hand.

»Anrufen solltest du schon. Ich hab es versprochen«, meinte die Mutter. »Aber lass dir nichts aufschwatzen. Es gibt in unserer Familie Leute, die einen Sprachfehler haben.« Die Mutter kannte ihre Tochter nur zu gut. Anne konnte nicht nein sagen.

»Na, was wollte sie denn?«, erkundigte sich die Mutter, als Anne zurückkam.

»Ach, das ist nur für drei Tage. Die Frau ist Sekretärin in einem feinen Büro. Fein insofern, als sie ihren Spaniel mitnehmen darf. Aber in den nächsten drei Tagen hat ihr Chef eine Konferenz mit wichtigen Leuten und da darf der Hund nicht zuhören. Die Frau war sehr lustig und meinte, der Hund könnte als Spion verdächtigt werden. Blöd ist nur, dass sie am anderen Ende vom Englischen Garten wohnt. Irgendeine Nebenstraße zur Prinzregentenstraße. Aber das macht nichts. Ich nehme das Fahrrad.«

»Noch jemandem würde ich augenblicklich vielleicht nicht zusagen. Bei manchen Menschen sind die Augen größer als der Magen.«

»Sehe ich so aus, als wollte ich die Hunde essen?«, lachte Anne. Sie war noch nicht in dem Alter, in dem man auf alle elterlichen Ratschläge beleidigt reagiert. Vielleicht lag es auch an der netten Art, in der ihre Mutter so etwas sagte.

Fräulein Braun wohnte zum Glück im zweiten Stock. Anne konnte also klingeln und sich den Hund herunterbringen lassen. Sie hatte das Schloss für ihr Rad vergessen. In München kann man kein Fahrrad unabgeschlossen stehen lassen. Das wusste sie. Im Haus hörte man ein heiseres, keuchendes Japsen, das hin und wieder von einem schrillen Bellen und einer hohen Frauenstimme unterbrochen wurde. Kurz darauf flog die Tür auf. Ein rot-braunes, haariges Etwas schoss, beinahe auf dem Bauch vorwärts rudernd, heraus. Am Ende der Leine hing mit weit zurückgelehntem Oberkörper eine ebenso rot-braunhaarige, zierliche Person im nahezu durchsichtigen Flattergewand. Sich an den Türrahmen klammernd, fand diese Fee endlich einen festen Halt und konnte sich und den Hund zum Stehen bringen.

»Jojo, Liebling, nun warte doch«, flötete sie süßlich. Anne verzog das Gesicht. Diesen Armausreißer sollte sie neben dem Rad herlaufen lassen? Unmöglich! Noch dazu mit solch einer Leine! Anne kannte diese Art. Vorn befand sich ein ledernes Handstück mit Karabinerhaken für das Halsband. An der Lederleine war ein mittelstarker, ca. 5 Meter langer Bindfaden befestigt, der sich mittels einer Feder auf- und abrollte. Diese Mechanik war in einem Kunststoffgehäuse mit Griff untergebracht. Zwar konnte man mit Knopfdruck das Abrollen verhindern, aber sobald man den Daumen vom Knopf nahm, rollte sich die Leine wieder ab. Der tierliebende Erfinder dieser sich automatisch abrollenden Leine hatte sicher einen wohlerzogenen Hund gehabt. Einen Hund, der im Allgemeinen brav bei Fuß geht und nur ab und zu stehen bleibt, um die Duftmarke eines anderen Hundes zu begutachten. Auch für Hunde wie diesen Spaniel Jojo war solch eine Leine wunderbar. Nicht aber für denjenigen, der den Hund führen musste.

»Haben Sie keine normale, kurze Leine für Jojo?«, fragte Anne.

»Nein, warum? Ich finde das eine wunderbare Erfindung. Hunde brauchen Freiheit«, meinte Fräulein Braun patzig. »Ich bin zwischen sechs und halb sieben wieder da. Auf Wiedersehen.«

Damit übergab sie Anne die Leine und verschwand im Haus. Mit aller Kraft musste Anne den Griff halten, um nicht umgerissen zu werden. Der Hund am anderen Ende strebte mit rudernden Bewegungen von ihr fort. Mit solch einem Tier Rad zu fahren war reiner Selbstmord. Was tun?

»Als Erstes muss der Kerl lernen, anständig an der Leine zu gehen«, überlegte sie. Aber wie? Mit der linken Hand hielt sie das dem Hund zugewandte Stück Seil fest. Der Daumen der Rechten löste den Knopf am Handstück, sodass sich die Leine einrollte. So arbeitete sie sich Armbreit für Armbreit vorwärts, bis sie das stabile, lederne Handstück in der Rechten hatte. Mit einem lauten »Bei Fuß!«, ruckte sie scharf an der kurzen Leine. Der Hund taumelte rückwärts, strebte aber gleich wieder keuchend von ihr fort. Ein zweiter Ruck folgte. Ohne Erfolg. Der Hund schien sich um Annes Erziehungsmaßnahmen nicht zu kümmern. Er zog – Anne ruckte. So ging das ein Weilchen. Bald tat ihr der rechte Arm weh und Schweiß lief ihr über die Stirn. Anne lief mit Jojo die Straße auf und ab. Besser gesagt, sie ließ sich von ihm ziehen und zog dagegen. Um den Häuserblock herum traute sie sich nicht, um das Fahrrad nicht aus den Augen zu lassen. Nach etwa einer halben Stunde wurde es besser. Jojos Kräfte schienen nachzulassen. Oder hatte er begriffen, dass es keinen Zweck hatte, sich so zu benehmen? Anne beugte sich über den Hund.

Radfahren kann gefährlich sein

»Gutes Tier, bist ja brav«, lobte sie erleichtert. Jojo schaute freundlich auf, wedelte und zerrte erneut an der Leine.

»Bloß nicht sauer werden«, sagte sie sich, während es in ihr kochte. Sie sah auf die Uhr. Nun warteten Frau Schmelcher und Wastel schon eine halbe Stunde. Und sie? Sie stand noch immer mit diesem ungezogenen Handfeger hier. Zorn stieg in ihr hoch. Warum musste sie an solch einen ungezogenen Kerl geraten! Kurz entschlossen zog Anne den Hund näher, wickelte die Leine blitzschnell um den rechten Griff des Fahrradlenkers und lief zu Fuß los. Jojo zog nach rechts und Anne hatte Mühe das Rad geradeaus zu schieben. Wie sie es fertig brachte, in den Englischen Garten zu kommen, war ihr hinterher schleierhaft. Aber irgendwie gelang es ihr. Ob sie vielleicht doch radeln konnte? Die Zeit drängte. Probehalber stellte sie sich mit dem rechten Fuß auf das linke Pedal und stieß sich mit dem linken ab. Jojo galoppierte begeistert schneller. Noch ein paar Mal stieß er sich ab. Es ging recht gut. Also rauf aufs Rad und los. Der Hund zog so heftig, dass sie kaum zu treten brauchte. Krampfhaft hielt sie den rechten Griff fest, um das Rad in der Spur zu halten. Schließlich verlangsamte der Hund sein rasendes Tempo und verfiel in einen normalen Galopp. Der Zug der Leine ließ endlich nach.

»Warte nur, Bürschchen, jetzt bin ich dran«, triumphierte sie und trat ihrerseits kräftig in die Pedale. »Ich werde dich schon müde kriegen!« Der Hund beschleunigte, wenn auch etwas unwillig, das Tempo.

Er begann zu keuchen. Diesmal vor Anstrengung und nicht, wie vorher, weil der Zug am Halsband stark war.

Anne hielt den Weg sorgsam im Auge. Sie dachte: »Wenn ein Hund entgegenkommt, muss ich sofort anhalten. Sonst springt Jojo vielleicht zu ihm hin und ich liege dann auf der Nase.«

Hätte sie nur den Hund im Auge behalten! Mitten aus dem schnellen Galopp ließ sich Jojo fallen. Der Lenker wurde durch den plötzlichen Stopp nach rechts gerissen und Anne flog in hohem Bogen geradeaus.

Einen Augenblick lag sie reglos da. Ihr Kopf dröhnte, Handflächen und Knie brannten teuflisch. Sie biss die Zähne zusammen, um nicht zu heulen. Dann betrachtete sie, immer noch liegend, ihre Handflächen. Am Ballen war die Haut weggeschrammt. Feine Kieselsteine klebten an den Hautfetzen. Erst schien die verletzte Fläche weiß. Doch bald bildeten sich feine, dunkelrote Blutstropfen, die rasch dicker wurden.

Anne erhob sich mit einem »Verdammtes Mistvieh« zwischen den Zähnen. Sie schaute auf ihr umgestürztes Rad. Der Hund war weg. Und erst jetzt stiegen ihr Tränen in die Augen. Tränen der Wut, der Angst und des Schreckens. Der Hund weg, das Rad kaputt, die wartende Frau Schmelcher …!

Anne setzte sich an den Wegrand und begann zu heulen. Die verschränkten Arme auf den Knien, die Stirn auf die Arme gelegt, saß sie da und heulte, dass die Tränen vor ihr auf dem Boden einen feuchten Kreis bildeten. Sie überließ sich ganz dieser Tätigkeit und hätte vielleicht noch einige Zeit so gesessen, wenn sie nicht jemand von hinten angetippt hätte.

»Ja«, schluchzte sie, »was ist denn?« Eigentlich wollte sie sich nicht umdrehen, tat es dann aber doch, wenn auch unwillig. Sie blickte direkt in Jojos Gesicht. Der stand hechelnd da und schien Anne schadenfroh anzugrinsen. Sie drehte ihr verquollenes Gesicht ein bisschen weiter nach hinten. Erst sah sie nur ein paar lange Beine, die in engen, verwaschenen Jeans steckten.

Als sie den Kopf hob, erblickte sie einen dünnen, jungen Mann mit einer riesigen schwarzen Mähne.

»Ich hab dich beobachtet. Wie kann man nur mit solch einem Hund radeln? Kannst du deinen Köter nicht besser erziehen?«

Anne kochte. So ein neunmalkluges Geschwätz!

»Wenn das meiner wäre«, brummte sie drohend und wollte die Rechte zu einer Faust machen. Aber das ließ sie schnell bleiben und verzog schmerzhaft das Gesicht. Der junge Mann war inzwischen zu Annes Rad getreten und hob es auf. Fachmännisch nahm er das Vorderrad zwischen die Beine und ruckte so lange am Lenker, bis der wieder gerade stand. Dann hob er mit der Rechten den Lenker ein wenig an und gab dem Vorderrad mit der Linken einen kleinen Schubs, sodass es sich zu drehen begann.

»Gute Qualität, dein Rad. Dass du bei so einem Sturz keinen Achter drin hast! Lieber einen Sechser im Lotto als einen Achter im Fahrrad«, witzelte er. Wider Willen musste Anne lachen. Dann stand sie auf. Ihre Hose klebte an den Knien. Zwei rotbraune Flecken waren zu sehen. Am liebsten hätte sie die Hosenbeine hochgekrempelt, um die zerschundenen Knie anzuschauen. Aber sie genierte sich vor dem jungen Mann. Es sollte nicht so aussehen, als wolle sie Mitleid erregen. So fasste sie nur den Stoff der Hose mit Daumen und Zeigefinger oberhalb der blutenden Stelle und löste ihn mit einem entschlossenen Ruck vom Knie. Es brannte furchtbar. Steifbeinig – der Stoff sollte ihre offenen Knie nicht berühren – machte sie ein paar Schritte auf das Rad zu.

»Zieh doch die Hose aus. Du wirst ja wohl was drunter haben«, meinte ihr neuer Begleiter gleichmütig. »In den langen Hosen tut das Laufen höllisch weh. Ich kenne das.« Anne überlegte. Sollte sie wirklich? Hier, im Englischen Garten, noch dazu in Anwesenheit dieses fremden Jungen?

»Was soll's«, dachte sie. »Die Unterhose ist knallrot und jeder wird denken, es ist eine Bikinihose. Wie andere Mädchen manchmal rumlaufen!« Vorsichtig streifte sie ihre Jeans ab.

»Sag mal, hast du die Leine etwa um den Lenker gewickelt?«

»Klar, sonst hätte ich das Biest doch nicht halten können.« Anne kam in Fahrt. »Was meinst du, wie der gezogen hat.«

»Na, das hab ich gesehen. Aber die Leine darf man nie, niemals um den Lenker wickeln oder gar ums Handgelenk! Sonst kann man im Notfall nicht loslassen. Das Ergebnis hast du eben erlebt. Die Leine musst du immer in Schlaufen legen und dann das ganze Bündel in die Hand nehmen. So kannst du im Notfall eine oder mehrere Schlaufen aus der Hand rutschen lassen oder die Leine ganz loslassen.« Er drückte Anne das Rad in die Hand und nahm Jojos Leine kürzer.

»Wohin musst du denn?«, wollte er wissen. Ein bisschen wehrte sie sich gegen diese Vertraulichkeit. Gleichzeitig fand sie ihren Helfer aber ziemlich nett. Sie erklärte die Sachlage und schaute auf die Uhr.

»In diesem Zustand kannst du dich kaum auf der Straße blicken lassen«, meinte er. »Ruf an und erzähl den Leutchen, was los ist. Ich werde dir den Unglücksraben führen.«

»Das sind keine Leutchen und den Hund kann ich selber führen«, wollte sie patzig erwidern. Aber aus unerfindlichen Gründen schwieg sie. Es war doch recht nett, so zu zweien durch den Park zu laufen. Anne betrachtete ihn verstohlen von der Seite. Er war mindestens zwei Köpfe größer als sie. Alles an ihm war schmal und lang, sogar die Nase.

»So ist's brav«, meinte ihr Begleiter und beugte sich zu Jojo hinunter. »Wie heißt der eigentlich?«

»Jetzt will er nur hintenherum wissen, wie ich heiße«, dachte Anne. »Ganz schön raffiniert.« Sie nannte den

Namen des Hundes und erklärte, was es mit ihm auf sich hatte.

»Da bist du also berufsmäßiger Hundeausführer«, lachte er, »und ich der dazugehörige Hundefänger.«

»Na, so eine Heldentat war es nun auch nicht. Und von dazugehörig kann ja wohl keine Rede sein!« Dass Jungen sich immer so wichtig nehmen. Sie scheinen es nötig zu haben!

»Mal sehen, ob er Stöckchen holt. Ich heiße übrigens Helm, Abkürzung für Wilhelm.« Von ihrer letzten Bemerkung schien er keine Notiz zu nehmen. Er bückte sich nach einem Ast, schwenkte ihn vor Jojos Nase hin und her. Der Hund war wie elektrisiert, stellte sich begeistert winselnd auf die Hinterbeine und versuchte das Holz zu erwischen.

»Soll ich ihn mal losmachen? Durch das Stöckchenholen können wir ihn müde machen, ohne dass wir uns anstrengen.« Anne nickte. »Hoffentlich folgt er.« Die beiden tobten über die Wiese. Jojo stieß dabei kleine, schrille Glücksbeller aus. Wenn Helm dem Hund aus dem Stand nachjagte, sahen seine langen Beine ein bisschen o-förmig aus.

Anne hatte sich an den Wegrand gesetzt, um ihre Gefühle zu ordnen. Kam da so mir nichts, dir nichts ein langbeiniger Kerl in ihr Leben marschiert! Hatte sie sich etwa in diesen Kerl verliebt? War ihr nun das Gleiche passiert wie ihren Klassenkameradinnen, die tuschelnd und kichernd in einer Ecke des Schulhofes standen? Sie hatte diese Mädchen immer für blöd gehalten. Und nun? Sie nahm sich fest vor, ein möglichst uninteressiertes Gesicht zu machen, wenn Helm zurückkam.

»Wann musst du den Hund zurückbringen?«, fragte er und kam atemlos angelaufen.

»Zwischen halb sechs und halb sieben.«

Helm wiegte den Kopf. »So viel Zeit hab ich nicht mehr. Du musst ihn allein zurückbringen. Aber radle nicht, hörst du!« Er drohte väterlich mit dem Zeigefinger. Beim Lachen rutschte ihm die Nase ein wenig nach rechts und das linke Auge wurde kleiner als das rechte. »Tschüss!« Damit drehte er sich auf dem Absatz um und ging.

Anne blieb verwirrt stehen, packte dann entschlossen Hund und Rad und ging eilig in Richtung Prinzregentenstraße. Nein, sie sah sich kein einziges Mal um. Sollte er doch gehen!

Aus grauer Vorzeit in den Weltraum

Der Hund gilt als das älteste Haustier des Menschen. Die Zeit vor etwa 30 000 Jahren, als unsere Vorfahren mit Steinäxten und Knochenspitzen auf der Jagd nach essbarem Wild durch die Steppen zogen, nennen wir heute die Steinzeit. Damals war das Leben der Menschen hart und entbehrungsreich. Oft mussten sie weite Strecken überwinden, bis sie ein jagdbares Tier aufgespürt, eingekreist und erlegt hatten. Keiler, Auerochsen, Bären und Wildpferde wurden mühselig gejagt. Obwohl unsere Vorfahren keine Feinschmecker waren, ist es denkbar, dass sie Teile des erlegten Wildes nach ihrem Mahl zurückließen. Diese Abfälle waren für Wölfe und Schakale im wahrsten Sinne ein gefundenes Fressen.

Kein Wunder also, dass sie mit der Zeit den Spuren des Menschen folgten. Sie hatten wichtige Erfahrungen miteinander verknüpft: Menschengeruch = Essen. Zwar

waren sie scheu und wild, aber trotzdem umlagerten sie allmählich die Rast- und Lagerplätze der Jäger. Näherten sich diesem Lager nun wilde Tiere, so waren es die Vierbeiner, die diese Gefahr dank ihres sehr gut ausgeprägten Gehörs als Erste bemerkten und durch ihre Lautgebung die Menschen warnten. Es ließ sich also im Schutz dieser Wächter wunderbar schlafen. Zum Dank wurden sie von den Menschen hin und wieder gefüttert. Vielleicht entdeckte einer der Jäger bei seinem Streifzug ein verlassenes Lager mit Jungtieren. Die nahm er dann mit und die Horde Menschen zog diese Tiere auf.

Wie ursprünglich dem Rudelführer unterwarfen sich die Tiere nun dem menschlichen »Leitwolf«. Da geschah es wohl eines Tages, dass die Menschen ein Wild zwar verletzten, das Tier jedoch stark blutend flüchten konnte. Nun nahmen die »gezähmten« Tiere hungrig die Blutspur auf. Die Menschen folgten, umkreisten das Wild und erlegten es schließlich. Wieder wurde die Beute geteilt. Der Mensch hatte erkannt, dass er in diesen Gefährten unentbehrliche Helfer gefunden hatte. Natürlich darf man sich nicht vorstellen, dass dies von einem Tag auf den anderen geschah.

Es dauerte sicherlich viele Menschen- und Wolfsgenerationen, bis sich eine Lebensgemeinschaft zwischen diesen Partnern entwickelte. Knochenfunde an vielen Orten der Erde beweisen jedoch, dass sich die Entwicklung vom Wildtier zum Haushund (auf Lateinisch heißt er canis familiaris) zwischen der Mittleren Steinzeit (etwa 8000 v. Chr.) und der Jüngeren Steinzeit (ca. 6000 v. Chr.) vollzogen hat.

Um vor wilden Tieren sicher zu sein, baute man in dieser Zeit mancherorts die Häuser auf Pfählen. Dazu wählte man flache Gewässer wie Seeufer oder Flüsse. Noch heute kann man solche Bauten in Unteruhldingen am Bodensee besichtigen. Bei diesen Häusern wurden Knochen von hundeähnlichen Tieren gefunden. Die Hunde haben Ähnlichkeit mit dem kleinen Torfspitz. Diese Hunde müssen schon recht zahm gewesen sein. In den Häusern war wenig Platz, sodass man ein wildes Tier nicht hätte unterbringen können.

Mit der Zeit wurden die Jäger sesshaft. Sie betrieben primitiven Ackerbau und hielten sich Herden essbarer Tiere. Neben dem Hund und der Katze ist vermutlich das Schaf das älteste Haustier. Um diese Schafe am Weglaufen zu hindern, brachte man den Hunden bei, die Herden

zu hüten. Diejenigen Hunde, die am besten auf die Herden aufpassten, paarte man miteinander. Auch bei denjenigen, die am erfolgreichsten Spuren wittern konnten, ging man ähnlich vor. Man begann also auf besondere Eigenschaften für verschiedene Zwecke zu achten. Die gezielte Zucht der Hunde hatte begonnen.

Heute gibt es eine solche Rassenvielfalt, dass sie kaum noch zu überblicken ist. Über vierhundert verschiedene Spielarten werden heute in Zuchtverbänden erfasst. Hinzu kommt noch die viel größere Anzahl von Mischlingen, bei denen beinahe keiner dem anderen gleicht. Alle diese Tiere, vom chinesischen haarlosen Schopfhund bis zum Neufundländer, vom französischen Bully bis zum Sloughi, stammen von derselben Raubtierfamilie ab. Dies zeigt die große Anpassungsfähigkeit der Hunde an ihre Umgebung und die menschlichen Bedürfnisse. Genauso vielfältig wie ihr Erscheinungsbild sind die Ver-

wendungsmöglichkeiten. Durch gezielte Paarung wurden bestimmte Erbanlagen herausgezüchtet. So gibt es viele Hunderassen, die bereits von Geburt an bestimmte Eigenschaften und Fähigkeiten haben. Allerdings müssen diese bei der Aufzucht und im Training gefördert werden.

Als Beispiel: Ein Jagdhund, der von Jugend an mit Hamstern und Stallhasen zusammenlebt, wird nur schwer begreifen, dass er später bei der Arbeit solches Kleinwild als Beute ansehen soll. Bei ihm wurde der Jagdeifer von klein auf zurückgedämmt. Der Deutsche Schäferhund ist für seine Eignung als Gebrauchshund bei der Polizei, dem Zoll, als Blinden- und Trümmersuchhund berühmt. Fördert man diese Fähigkeiten nicht, so kann er zum feigen Angstbeißer werden. Allerdings gibt es auch Rassen, bei denen die Erbanlagen so gefestigt sind, dass sie nur für ein begrenztes Arbeitsgebiet taugen. So wird man trotz aller Mühe aus einem Nordischen Schlittenhund, ganz gleich ob Grönlandhund oder Husky, weder einen anhänglichen Stubenhund noch einen Schutzhund für die Mannarbeit machen können. Er ist durch Jahrhunderte dazu gezüchtet worden, Schlitten zu ziehen. Diese Arbeit braucht er, um ausgefüllt zu sein. Zwar folgt er seinem Herrn bis zu einem gewissen

Grad. Aber ebenso wichtig wie die menschliche Bezugsperson ist ihm das Rudel, in dem er leben muss, um sich wohl zu fühlen.

In unserer heute so technisierten Zeit gibt es viele Menschen, die sich zum Ausgleich einen Hund anschaffen.

Sie möchten ein Stück Natur, ein lebendiges Wesen in ihrer Wohnung haben. Das ist verständlich und eigentlich auch zu begrüßen. Leider werden diese Hunde oft wie eine Art Möbelstück behandelt. Jedes Hundekind aber, das auf die Welt kommt, hat noch heute den Instinkt des Raubtieres in sich. Gibt man dem Hund keine Aufgabe, fördert man seine angeborenen Talente nicht, so hat man meist einen mürrischen, unausgefüllten Partner, der entweder rebelliert oder sich träge und teilnahmslos in sein Schicksal fügt. Hunde sind von Natur aus begeis-

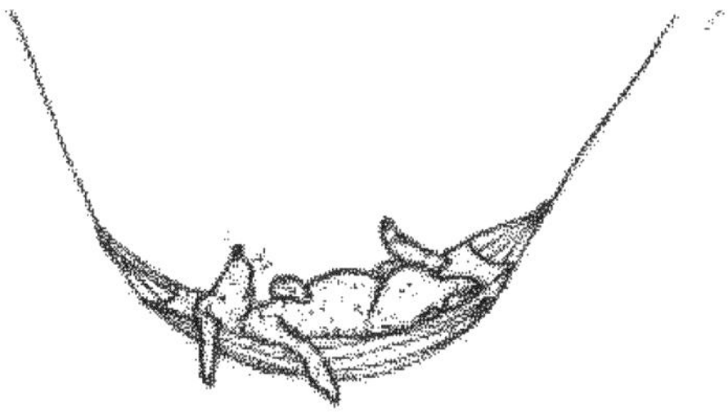

terte Arbeiter, die sich über jede Aufgabe freuen. Leider werden bei uns viele Hunde bereits als Rentner mit guter Pension geboren.

Zwar hat es schon zu allen Zeiten Luxusgeschöpfe gegeben, die am Hofe von Regenten und Politikern zu Hause waren. So war der »Alte Fritz« ein Liebhaber von Italienischen Windspielen, Otto von Bismarck liebte Deutsche Doggen, und Adolf Hitler umgab sich mit Deutschen Schäferhunden. Andererseits mussten viele Hunde früher hart arbeiten. Mein Schwiegervater fuhr in seiner Lehrzeit das frische Brot mit einem Hundewagen aus. In der Schweiz gibt es noch heute abgelegene Höfe, auf denen zum Ausfahren der Milch Hunde, meist Bernhardiner oder Sennenhunde, gehalten werden.

Harte Arbeit gibt es auch beim Hüten von Stier- und Schafherden. Das Arbeitsgebiet ist so groß, dass man nicht alle Aufgaben nennen kann. Es gibt jedoch auch Länder, in denen der Hund als Delikatesse auf dem Speisezettel steht. So soll die Übersetzung von »Chow-Chow« »Lecker-lecker« heißen. Uns kommt dieser Gedanke, unseren besten Freund zu essen, absurd und ungeheuerlich vor. Man sollte jedoch nicht zu voreilig urteilen. In Japan zum Beispiel ist man entsetzt über die Europäer, bei denen Wild auf dem Speisezettel steht. Sie könnten so hübsche Tiere wie Rehe nicht essen. Andere Länder, andere Sitten!

Wie du gelesen hast, ist der Hund schon seit langer Zeit ein unentbehrlicher Helfer und Freund des Menschen. Deshalb erstaunt es mich immer wieder, dass er bei weitem nicht dieselbe Berühmtheit erfahren hat wie das Pferd. Auf einigen alten Höhlenzeichnungen kann man Hunde erkennen. Alte ägyptische und babylonische Reliefs stellen Hunde und Jäger dar. Aber es sind im Vergleich zum Pferd relativ wenige. Auch in der Literatur scheint mir der Hund zu kurz zu kommen. Johann Wolfgang von Goethe lässt in seinem »Faust« einen Pudel als Gehilfen des Mephisto (Teufel) auftreten. »Dem Hunde, wenn er gut gezogen, ist selbst ein weiser Mann gewogen.« Dieses Zitat zeigt mir, dass Goethe kein besonderer Hundefreund gewesen ist.

Thomas Mann hingegen scheint ein sehr gutes Verhältnis zu Hunden gehabt zu haben. In seiner reizenden Geschichte »Herr und Hund« beschreibt er seinen Mischlingshund Bauschan mit großer Liebe und feiner Beobachtungsgabe. Berühmt wurde auch die Geschichte von Marie Ebner-Eschenbach. In ihr wird die Treue eines Hundes zu seinen beiden Herren geschildert. Krambambuli, so heißt der Hund, kann sich für keinen entscheiden und zerbricht an dieser Tragik.

Eine weltberühmte Hunderasse ist der Bernhardiner. Diese großen, braun-weiß gefleckten Hunde wurden zuerst im Kloster beim Großen Sankt Bernhard gehalten. Sie dienten den Mönchen als Lawinensuchhunde. Viele Menschen, die unter dem Schnee verschüttet waren, verdanken ihr Leben diesen zuverlässigen Spürhunden. Bei

der Suche nach Überlebenden trugen sie meist ein kleines Rumfässchen am Halsband. So konnten sich die Geretteten gleich mit einem kräftigen Schluck stärken und erwärmen.

Zu traurigem Ruhm gelangte die russische Hündin Lajka. Sie wurde als Versuchshund 1957 in den Erdsatelliten Sputnik 2 gesetzt. Fünf Tage lang umkreiste dieser Satellit die Erde. Dann verendete das Tier an Sauerstoffmangel.

Der Collie Lassie eroberte als Fernsehhund die Herzen der großen und kleinen Zuschauer. Wie viele Folgen dieser mitunter etwas kitschigen Serie über den Bildschirm liefen, ist wohl nicht mehr zu ermitteln. Geht man heute mit einem Collie spazieren, so heißt es, man hat einen Lassie an der Leine.

Helm und Julia

Anne bog langsam um die Ecke. Es war auch heute noch recht schmerzhaft, mit den aufgeschundenen Knien zu radeln. Trotzdem ging es schneller als zu Fuß. Vor dem Haus von Fräulein Braun stand eine bekannte Gestalt.

»Was willst du denn hier«, kam es ein bisschen patzig. Als könnte sie mit dem Hund nicht allein fertig werden.

»Ich will dich begleiten und deinen Namen wissen. Mehr nicht.« Anne drückte schweigend auf den Braunschen Klingelknopf. Sie musste Zeit gewinnen zum Überlegen. Nein, sie wollte keinen Freund. Bei ihren Klassenkameradinnen hatte sie gesehen, wie aufwendig so etwas war. Ständig etwas Neues zum Anziehen, stundenlang vor dem Spiegel stehen, nächtelang ins Kopfkissen weinen oder seufzend lange Briefe schreiben. Aber andererseits – es war recht nett, zu zweien durch den Park zu laufen!

»Ich heiße Anne.«

»Na also«, sagte Helm. In diesem Augenblick erschien Jojo in der Tür. »Da ist er ja«, fügte er mit gespielter Harmlosigkeit hinzu. Wie selbstverständlich nahm er der rothaarigen Dame die Leine aus der Hand.

»Schon wieder hat er gewonnen«, dachte sie wütend.

»Weißt du, ich geh so gern mit Hunden spazieren«, begann Helm. »Und bei der Nächsten bist du begeister-

ter Segler oder gibst Tennisunterricht«, dachte Anne höhnisch. »Eine sehr primitive Art anzubändeln!«

»Aber meine Dackelin ist hochschwanger«, fuhr er fort, »mehr als einmal um den Garten herum schafft sie nicht mehr. Sie ist so dick, dass der Bauch beinahe auf der Erde schleift.«

»Was ist es denn für ein Dackel?« Anne war hellhörig geworden. Dackel waren, neben den Doggen der Großmutter, ihre Lieblingshunde.

»Julia ist glatthaarig. Schwarz-braun mit hellen Abzeichen. Gedeckt ist sie von einem Rauhaardackel. Ich bin so gespannt auf die Jungen.«

»Und wann ist der Wurftermin?«

»In vier Tagen. Der Tierarzt meint, es könnte ein bisschen eher sein, weil sie so furchtbar dick ist. Sicher sind es viele.«

Anne hatte all ihre Abwehr Helm gegenüber verloren.

»Darf ich beim Werfen dabei sein?«, fragte sie aufgeregt.

»Klar, ich ruf dich an, wenn's los geht.«

»Hast du einen guten Tierarzt für den Fall, dass etwas schief geht?« Anne war besorgt. Wenn die Hündin so unnormal dick war!

»Was soll schon sein. Ich hab sie gut, das heißt gehaltvoll gefüttert. Bewegung hat sie auch gehabt und gesund war sie immer. So eine Trächtigkeit ist doch eine ganz natürliche Sache.«

»Trotzdem.« Anne wiegte besorgt den Kopf und dachte an Großmutter. In den Ferien war sie öfter beim Werfen dabei gewesen. Sie hatte helfen dürfen, die Neugeborenen zu versorgen. Obwohl Großmutter viel von Hunden verstand, hatte sie immer dem Tierarzt Bescheid gesagt, wenn eine Hündin »dran« war.

»Hast du regelmäßig Temperatur gemessen?«, wollte Anne wissen.

»Wozu soll das gut sein?«, wunderte sich Helm. »Sie ist ganz gesund.«

»Normalerweise hat ein Hund etwas höhere Temperatur als ein Mensch, so um 38 Grad herum. Steht die Geburt kurz bevor, dann fällt die Temperatur auf 36,5 oder so. Ganz genau kann man das nicht sagen. Es ist bei jedem Hund ein bisschen anders. Aber eines steht fest: Nachdem die Temperatur gefallen ist, dauert es meist nur ein paar Stunden, bis die Geburt beginnt. Wusstest du das nicht?« Anne schüttelte missbilligend den Kopf.

»Nein, ich bin auch kein Züchter. Ich wollte nur, dass Julia mal Mutter wird. Na ja, und *ich* wollte mal junge Hunde großziehen.«

Seine Stimme klang ein bisschen kleinlaut. »Aber nun habe ich ja kostenlos eine erfahrene Hebamme, die alle Probleme löst.«

Es war eine muntere Unterhaltung. Auch der Spaziergang mit Frau Schmelcher und Wastel wurde sehr kurzweilig. Im Hui war der Nachmittag vorbei. Anne war erleichtert, als Fräulein Braun statt um sieben Uhr schon um sechs wieder zu Hause war. So konnte sie Jojo bald abliefern und sich auf den Heimweg machen. Warum musste sie vor sich hin lachen, wenn sie an Helm dachte? Woher kam ihre gute Laune? Lag es vielleicht daran, dass sie sich ihm gegenüber nun nicht mehr unterlegen fühlte?

»Du, da hat jemand für dich angerufen«, sagte Mutter. »Helm heißt er. Ist das jemand aus deiner Klasse?« Anne spürte, wie sie rot wurde.

»Nein, keiner aus der Klasse, Mom. Das ist ein Bekannter.«

»So nennt man das jetzt also.« Mom zog die Augenbrauen hoch.

»Das ist nicht so, wie du denkst.« Anne wurde wütend. Warum war sie bei Helms Namen rot geworden? »Ich habe ihn beim Hundeausführen kennengelernt. Er wollte mir Bescheid sagen, wenn seine Hündin wirft. Das ist alles.« Anne war patziger, als sie gewollt hatte.

»Na, dann ruf an und frag ihn, was er will.« Mutters Stimme blieb gleichbleibend freundlich.

»Du, er meint, es geht los.« Anne kam atemlos in die Küche gestürzt. »Dauernd will sie raus, macht drei Tröpfchen, will dann wieder rein. Ich fahr mal hin, gell? Du bist ein Schatz.« Sie gab der Mutter einen lauten Kuss.

»Könntest du mir vielleicht verraten, wo der junge Vater wohnt?«

»Keine Zeit. Ich ruf dich an. Tschüss.« Anne nahm das Fahrrad, obwohl Helm nicht direkt in der Nähe wohnte. Aber so war sie unabhängig von der U-Bahn. Glücklicherweise war der stärkste Feierabendverkehr vorüber. Trotzdem musste sie umsichtig sein, denn die Autofahrer nahmen auf Radler wenig oder gar keine Rücksicht. Nach bewährter Taktik fuhr sie nicht ganz am Rand, sondern ließ zwischen sich und dem Gehsteig ungefähr einen Meter Platz. So konnte sie im Notfall noch nach rechts ausweichen.

Außer Atem kam sie bei Helm an und klingelte. Er machte selbst auf.

»Grüß dich«, sagte er hastig und ein bisschen abwesend, »wir müssen wohl einen Tierarzt holen. Das

Fruchtwasser ist vor einer Stunde abgegangen, aber es geht nicht weiter.«

»Kennst du einen Tierarzt, der für Entbindungen gut ist?«

Sie war eilig hinter ihm ins Haus gelaufen. Im Wohnzimmer stand in einer dunklen Ecke ein großer Weidenkorb.

Julia lag hechelnd auf der Seite. Selbst im Liegen schien die Bauchdecke zum Platzen gespannt.

»Du Arme«, mitleidig streichelte sie den aufgetriebenen Leib. »Na, die haben Temperament, so wie die zappeln«, lächelte sie anerkennend. »Was machen wir nun?«

»Mutter telefoniert mit der Freundin einer Freundin. Die wiederum soll einen guten Tierarzt kennen.« Julia hob den Kopf und sah Helm ergeben an. Anne kniete sich neben den Korb, streichelte den Kopf und murmelte beruhigende, unverständliche Worte. Nun entdeckte sie unter dem Schwanz eine weißlich-grüne Blase, die etwa zwei Zentimeter aus der Scheide zum Vorschein kam.

»Du, es geht los«, flüsterte Anne aufgeregt.

»Das ist es ja gerade. In diesem Zustand war sie schon, als ich mit dir telefoniert habe. Es geht nicht weiter.« Helm war verzweifelt. Das merkte Anne. Eine große, schlanke Frau in Jeans und Holzsandalen kam zur Tür herein.

»Du bist also Anne, guten Tag.« Sie gab Anne freundlich, aber zerstreut die Hand und lachte. Aber nur der Mund lachte, die Augen blickten besorgt.

Kaiserschnitt

»Ich hab eine Adresse. Der Mann soll sehr fähig sein. Allerdings meldet sich nur das Tonband. Wir fahren trotzdem hin.«

Helm saß neben seiner Mutter vorn im Wagen. Er hatte einen Stadtplan auf den Knien. Anne hörte wie aus weiter Ferne das Gespräch zwischen den beiden. »Jetzt die nächste Straße rechts. Pass auf die Ampel auf.« Helms Mutter fuhr nervös und ziemlich schnell. Anne streichelte den Dackel, der erschöpft hechelnd neben ihr lag. Es war unerträglich warm im Auto.

»Dort drüben ist die Praxis. Und gerade hier ist Halteverbot! Wie immer!« Ihre Stimme klang wütend und verzweifelt. »Ich mache den Warnblinker an, ihr zwei steigt schnell aus. Danach suche ich einen Parkplatz. Los!«

Helm sprang geschickt aus dem Wagen auf den Bürgersteig und öffnete die Hintertür. Ruhig griff er nach dem Korb. Anne schlüpfte hinterher. Die rückwärtige Autoschlange begann ungeduldig zu hupen. Trotz der inneren Spannung lachte Helm:

»Wie die Bankräuber im Fernsehen!« Sie nahmen den Korb zwischen sich und liefen zur Arztpraxis hinüber. Anne drückte den Klingelknopf. Nach einer Weile erschien ein junges Mädchen.

Ja, sie seien richtig hier. Aber der Herr Doktor habe keinen Dienst mehr. Ob er denn noch da sei? Sicher.

Aber er habe heute Abend etwas vor. Anne hörte dem Gespräch schweigend zu. Plötzlich brach es aus ihr heraus.

»Wozu ist denn ein Tierarzt da? Wenn ein Tier in Not ist, dann muss man doch helfen!« Sie war ziemlich laut geworden. Im Flur hörte man Schritte. Ein älterer Herr im Straßenanzug näherte sich der Tür. Er übersah die Situation sofort.

»Tja, dafür bin ich nicht mehr zuständig. So etwas macht der Notdienst. Sie sehen ja, ich bin bereits umgezogen und eigentlich schon weg.« Sein Lachen sollte gewinnend klingen. Anne kam es vor wie ein teuflisches Grinsen. Hier lag diese geplagte Kreatur und »der Herr Doktor hatte etwas vor«! Sie musste ihre Wut und Verzweiflung so zurückdämmen, dass ihre Stimme ganz klein wurde.

»Könnten Sie uns bitte einen Notarzt sagen, der für diesen Fall zuständig ist?«

»Tut mir Leid, ich darf keinen Kollegen empfehlen. Der tierärztliche Notdienst steht in der Zeitung.« Damit wollte er sich zum Gehen wenden.

»Würden Sie bitte so freundlich sein und mir die Zeitung ausleihen, damit ich nachsehen kann?« Helms Stimme war kalt wie Stahl. Die beiden musterten sich. Jeder wusste, was der andere dachte.

»Karin, suchen Sie dem Herrn die Zeitung heraus. Auf Wiedersehen.« Damit verschwand er. Fieberhaft blätterten die beiden. Helms Mutter kam atemlos angelaufen.

»Schnell, wir brauchen das Auto. Der Tierarzt hat Feierabend. Wir müssen woanders hin.«

Während sie wartend am Straßenrand standen, spürte Anne, wie ihr der Schweiß aus den Haaren tropfte.

»Armer Hund«, sagte sie gepresst und streichelte das ergebene Tier. Julias Hecheln brachte sie beinahe um den Verstand. »Da kommt sie!« Erleichtert schlüpften sie ins Auto, knallten die Türen zu, der Motor heulte auf. Die Fahrt schien endlos. Schließlich fanden sie die richtige Adresse. Das junge Mädchen an der Rezeption schien es nicht eilig zu haben. Sorgfältig, den Stift in der Linken führend, trug sie Namen, Adresse und Rasse des Hundes in einen Fragebogen ein. Dann verschwand sie mit dem Formular. Anne trat nervös von einem Bein aufs andere. Schließlich öffnete sich die Tür.

»Bitte schön.« Es klang förmlich, wenn auch nicht unfreundlich. Der Arzt untersuchte Julia.

»Seit wann, sagen Sie, ist der Zustand unverändert? Seit knapp drei Stunden? Na, da wird's Zeit.« Er gab dem Hund eine Spritze.

»Sie können warten. Wenn sich in einer halben Stunde nichts getan hat, müssen wir einen Kaiserschnitt machen.« Anne sah erschrocken zu den anderen hinüber. Helm war blass geworden, schien es ihr.

»Sie dürfen draußen warten.« Damit wurden sie ins Wartezimmer geschoben. Sie setzten sich. Helm und seine Mutter blätterten geistesabwesend in den ausgelegten Tierzeitschriften. Anne ließ kein Auge von dem Dackel. Nichts geschah. Die Hündin lag, genauso gequält hechelnd wie vorher, lang ausgestreckt im Korb. Schließlich hielt sie die Warterei nicht mehr aus.

»Ich spring schnell zu einer Telefonzelle.«

Die frische Abendluft tat ihr gut. Im Wartezimmer war es stickig und heiß gewesen. Annes Augen suchten die Straße ab. Obwohl es noch ziemlich hell war, blinkten schon Leuchtreklamen über den Schaufenstern. Hastig lief sie die Straße hinunter. Am Abend traute sie sich nicht recht, jemand Fremden anzusprechen. Schließlich fand sie eine Zelle. Es war tröstlich, Moms Stimme zu hören.

»Pass auf, es wird alles gut«, sagte sie zum Abschied, nachdem Anne alles geschildert hatte. Kein Wort des Vorwurfs, kein: »Wann kommst du nach Hause?« Dafür war Anne ihrer Mutter sehr dankbar, als sie zur Praxis zurücklief. Unvermittelt hatte sie gute Laune. Es würde alles gut werden.

»Na, dann müssen wir wohl doch operieren. Die Wehenspritze hat nicht angeschlagen.« Die Stimme des Tierarztes klang enttäuscht, aber auch ein bisschen gleichgültig. »Meine Frau wird mir assistieren. Die jungen Mädchen heutzutage …« Er schüttelte missbilligend den Kopf. »Nichts als Discos haben sie im Kopf. Keine will mehr abends arbeiten.«

Die Frau, klein und ein bisschen pummelig, wuselte herein. Ihr Begrüßungslächeln war ehrlich. Während sie hastig hin und her lief, den Operationstisch sterilisierte, Geräte in einer blitzenden Schale bereitlegte, schwatzte sie zuversichtlich und tröstend. So ein Kaiserschnitt sei nichts Schlimmes, das würden sie öfter machen. Bei ihr wurden nicht nur die Patienten behandelt, sondern auch die dazugehörigen Besitzer.

»Kopf hoch, Mädchen, dein Hund wird schon durchkommen.« Sie klopfte Anne auf die Schultern.

»Er gehört gar nicht mir«, gab sie zurück.

»Na egal, dann kommt er trotzdem durch«, sagte die Frau aufmunternd. Es klang eine Spur zu forsch, fand Anne.

»Nun her mit der Mama.« Julia wurde auf den Tisch gelegt. Bei der Narkosespritze zuckte sie ein wenig zusammen, hob jedoch nicht einmal den Kopf. Anne empfand es wie eine Erlösung, als kurz darauf das gequälte Hecheln verstummte. Julia war eingeschlafen. Die Frau des Tierarztes drehte Julia nun auf den Rücken und stützte die Seiten mit Keilen so ab, dass der Hund in Rückenlage liegen blieb. Danach wurde ihr Bauch rasiert und mit Desinfektionsmittel bestrichen. Die Frau holte ein grünes Tuch, das sie über Julia breitete. Nur ein Schlitz in der Mitte ließ den Bauch frei. Der Tierarzt und seine Frau trugen einen Mundschutz. Deshalb verständigten sie sich mit den Augen.

Fertig. Der Arzt griff nach dem Skalpell und setzte es an der Bauchnaht an. Anne verfolgte jeden Handgriff mit äußerster Spannung. Sie spürte, wie sich ihr Magen zusammenzog. Immer hatte sie das Bedürfnis gehabt, ihre Gefühle in Farben auszudrücken. Und dieses Gefühl hier war Weiß, kaltes, abweisendes, unbarmherziges Weiß, das sich da in ihr zusammenkrampfte. Speichel stieg vom Magen hoch, sammelte sich in ihrem Mund, während sie gebannt zusah, wie das scharfe Messer in die heile Haut hineinschnitt. Erstaunlicherweise blutete der Schnitt kaum. Sie schluckte und schluckte. Aber die Übelkeit wollte nicht weichen. Anne versuchte sie zu bezwingen. Sie musste dableiben, konnte Julia nicht im Stich lassen. Sicher lag ihr

Brechreiz an der faden, abgestandenen Luft. Schließlich taumelte sie doch zur Tür hinaus. Hilfe suchend sah sie sich um, während sie spürte, wie sich ihr Magen hob. Das Mädchen an der Rezeption erfasste die Situation.

»Hier entlang.« Sie packte Anne an der Schulter, schob sie einen Gang hinunter und öffnete die Toilettentür.

Es dauerte ein Weilchen, bis Anne fähig war, wieder ins Operationszimmer zu gehen. Unter keinen Umständen wollte sie Helm allein lassen. Sie schämte sich ihrer Schwäche. Drinnen war der Bann des gespannten Schweigens gebrochen. Das Ehepaar stand sich gegenüber. Beide hantierten vornübergebeugt am Operationstisch. Helm stand erstarrt dabei. Sein Gesicht war grau. Die Hände hatten sich am Rand des Tisches festgekrallt, sodass die Knöchel weiß erschienen.

»Ihr armen Würstchen«, hörte sie Helms Mutter. Die hatte ein großes Frotteetuch in der Hand, in dem zwei nasse, schwarz-braune Hundekinder lagen.

»Hier, das nächste«, sagte der Tierarzt und reichte mit einer Art Zange einen glitschigen Welpen herüber.

»Komm, hilf mir abtrocknen«, meinte Helms Mutter, »sie müssen sanft gerubbelt werden, damit sie trocken werden und der Kreislauf in Gang kommt.« Anne war froh etwas tun zu können. Sie nahm einen Handtuchzipfel und rubbelte damit sanft das Neugeborene.

»Ach, seid ihr süß. Richtige Pfoten mit winzigen Krallen. Und so breite Mäulchen. Ja, ja, eure Ohren müssen noch zugeklappt sein, damit kein Fruchtwasser hineinläuft. Und die Augen sind auch noch zu.« Sie plapperte zärtlich vor sich hin, während sie den Welpen

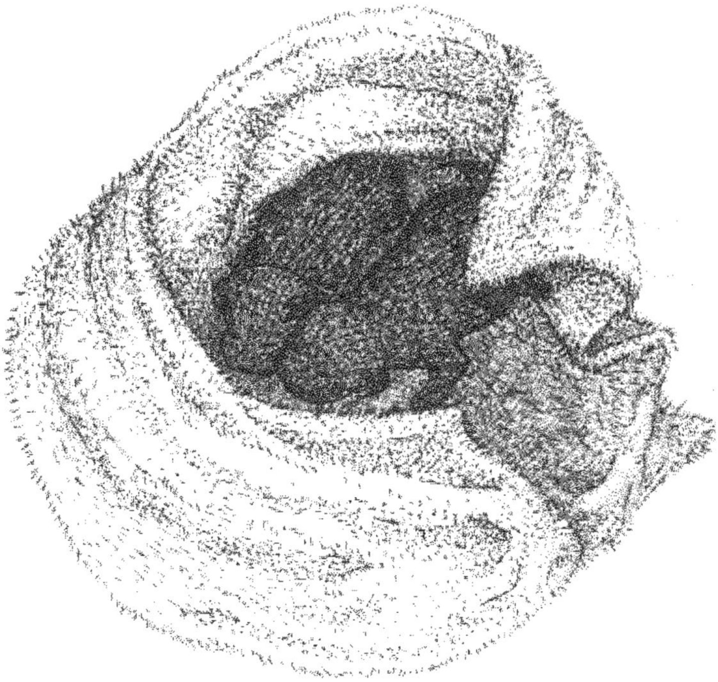

sanft frottierte. Kaum hatte sie den Kleinen einigermaßen trocken, da kam der nächste. Schließlich waren es sechs Junge, die leise fiepend im Handtuch lagen.

»Na, ihr seid ja ein toller Wurf. Eines so groß und kräftig wie das andere.«

»So, das war's wohl«, hörte sie den Tierarzt abschließend sagen. Anne war so beschäftigt, dass sie keinen Blick auf Julia warf. Deshalb entging ihr auch das Gespräch am Operationstisch. Der Tierarzt hatte die Naht bereits halb geschlossen, als seine Frau plötzlich sagte:

»Da steckt doch noch eins im Geburtskanal.«

»Himmel, alles wieder aufmachen«, fluchte der Tierarzt, »nachspritzen, die Narkose hält nicht so lange.« Es wurde hektisch. Hastiges Hantieren mit Geräten, unterdrückt zorniges Flüstern. Anne bekam den siebenten Hund ins Handtuch gelegt. Er wimmerte leise. Der Arzt legte das Stethoskop seitlich an den Brustkorb. Lauschte, die Augen abwesend in die Ferne blickend, schüttelte den Kopf.

»Aus.« Helm griff nach dem Brustkorb des Hundes, begann verzweifelt und unfachmännisch mit Herzmassage. Rauf, runter, drückte er den Brustkorb.

»Julia«, rief er beschwörend, »mach mit, du sollst leben.« Schließlich ließ er die Hände sinken. Seine Schultern hingen nach vorn wie bei einem alten Mann. Er sah den Tierarzt verzweifelt an.

»Pech, so was kommt vor. Ich hab das letzte halt zu spät gesehen.« Seine Stimme klang kühl und sachlich.

»Was nun? Die Jungen brauchen doch eine Mutter!«, stammelte Helm.

»Tja, das wird schwierig. Wollen Sie die Jungen wirklich aufziehen?« Helm zuckte hilflos mit den Schultern.

»Jedem eine Spritze, und sie sind weg. Solche Flaschenkinder taugen später sowieso nichts«, meinte der Tierarzt. Helm schwieg.

»Ich kann natürlich jedem eine Aufbauspritze geben. Aber ein paar werden wohl auf der Strecke bleiben. Leicht ist das nicht, sie mit der Flasche großzuziehen. Wenn Sie wollen, gebe ich Ihnen ein Rezept. Damit können Sie in der Apotheke Ersatznahrung kaufen.«

»Sie würden diese kleinen Hunde einfach verrecken lassen, nur weil Sie Mist gebaut haben?« Helms Mutter war sehr scharf geworden. Anne stand da wie versteinert. Diese kleinen, wimmernden Hunde sollten sterben, nur weil dem Tierarzt ein sogenannter Kunstfehler unterlaufen war? Niemals!

»Wir werden sie groß kriegen«, fauchte sie. »Und wenn wir alle zwei Stunden füttern müssen. Das ist egal. Sie Ungeheuer!«

»Da wird Ihnen auch nichts anderes übrig bleiben, kleines Fräulein«, gab der Tierarzt überheblich zurück. Er schien von den Temperamentsausbrüchen getroffen zu sein.

»Wir gehen«, sagte Helm matt, nahm die tote Julia auf den Arm und legte sie in ihren Korb.

»Den Hund dürfen Sie dalassen«, sagte die Frau des Tierarztes versöhnlich, »den schaffen wir weg.«

»Glauben Sie, wir lassen Julia von Ihnen zur Tierkörperbeseitigung bringen? Sie wird ordentlich beerdigt. Auch wenn das verboten ist.«

Helms Stimme war beinahe fest, als er das sagte. Seine Augen waren nicht mehr matt. Sie hatten einen kämpferischen Ausdruck.

Die Waisenkinder

Zu Hause angekommen, ging alles, wie im Auto besprochen. Während Anne die Ersatznahrung für die Welpen anrührte, in ein kleines Puppenfläschchen füllte, und die Mutter die Heizdecke vom Dachboden holte, lief Helm zum Nachbarn. Er wollte sich dort die Katze Clärchen ausborgen. Clärchen war oft bei Helm im Haus. Hin und wieder hatte sie einen Besuch bei Julia gemacht. Und wenn Nachbars verreist waren, dann wohnte sie ganz bei ihm im Haus. Clärchen war eine ältere Katzendame, dick und grau. Sie hatte schon viele Kinder bekommen. Würde sie sich der kleinen Hunde annehmen? Das Piepsen im Handtuch wurde lauter und fordernder. Die Welpen hatten Hunger.

»Gleich, gleich. Ich mach euch schon was«, murmelte Anne beruhigend. Sie wühlte geräuschvoll im Küchenschrank: »Gibt es hier keinen Filter zum Einfüllen der Flaschen?«, dachte sie. Ihre Nerven waren zum Zerreißen gespannt. Würden die Jungen trinken? Würde die Katze sie annehmen? Milch hatte Clärchen zwar gerade keine. Aber es war für die Welpen überlebensnotwendig, dass sie eine Pflegerin bekamen. Jemand, der sie leckte, ihnen Schutz und Geborgenheit gab. Das Allerwichtigste war jedoch die Bauchmassage mit der Zunge. Ohne diese Massage würde die Verdauung der Jungen nicht funktionieren. Und das wäre der sichere

Tod für die Kleinen. Das wusste Anne von der Großmutter.

»So, jetzt bekommen sie ein warmes Bett«, sagte Helms Mutter. Sie polsterte einen großen, flachen Karton mit einer Wolldecke aus. Darauf breitete sie die Heizdecke und legte schließlich noch ein großes Badetuch darüber.

»Das kann man leicht auswechseln und waschen. Dann haben sie immer ein sauberes Bett. So, und nun her mit euch.« Sie legte die Welpen auf die wärmende Unterlage. Flach auf dem Bauch liegend, bewegten sie die dicken Köpfe pendelnd hin und her. Die rosa Zungen, löffelförmig gebogen, schauten aus den breiten Mäulchen heraus. Dabei gaben sie piepsende Laute von sich.

»Ihr Armen. Habt ihr Hunger? Gleich gibt's was.« Anne kam mit dem Puppenfläschchen und hielt es einem der Welpen vor das suchende Maul. Aber der wusste mit dem Gummi nichts anzufangen und wendete den Kopf weg. Beim nächsten war es ähnlich.

»Was machen wir nur, wenn es nicht klappt«, jammerte Anne.

»Wart ab, es wird schon werden«, tröstete Helms Mutter sie. »Vielleicht begreifen sie es eher, wenn du den Schnuller vorher in die Milch tauchst. Dann schmecken sie den ersten Tropfen und saugen weiter.«

Helm kam herein. Er trug Clärchen auf dem Arm. Kaum hatte die Katze das Piepsen der Welpen gehört, spitzte sie neugierig die Ohren. Das klang nach Mutterglück! Freudig erregt wollte sie von Helms Arm herunterspringen. Aber der hielt die Katze vorsichtshalber fest und ließ sie erst einmal so an den Jungen schnuppern. Ihr Gesichtsausdruck schwankte zwischen Neugierde und ablehnendem Misstrauen. Hier roch es zwar nach Kindern, aber nicht nach Katzenkindern. Ihr Zögern hielt jedoch nur kurze Zeit an. Dann siegte ihr Mutterinstinkt. Sie begann laut zu schnurren.

»Na, dann können wir es versuchen«, sagte Helm erleichtert und ließ die Katze los. Die sprang geschmeidig in den Karton, beschnupperte alle Welpen eingehend und legte sich dann so um die kleinen Hunde herum, dass sie sich an ihren Bauch kuscheln konnten.

»Sie versucht sogar, sie zu stillen! So was Liebes.« Anne war sehr gerührt, als sie sah, wie die Katze die Welpen sozusagen »in die Arme nahm« und dann genüsslich die Augen schloss.

»Richtig glücklich sieht sie aus!« sagte sie. Instinktsicher schoben die Welpen ihre dicken Köpfe in das weiche Katzenfell am Bauch. Leise piepsend suchten sie nach der Milchquelle. Diese Situation nützte Anne geschickt aus. Sie hielt die Milchflasche so ins Fell hinein, als wäre der Schnuller eine Zitze. Nun dauerte es nicht lange, bis einer der Kleinen gierig zu saugen begann.

Dabei bewegte sich der Unterkiefer rhythmisch auf und ab. Bei genauem Hinhören konnte man sogar das Schmatzen vernehmen. Die dicken Vorderpfoten massierten dabei eifrig die Bauchdecke der Katze.

»Die machen es genauso wie junge Katzen«, staunte Helm. »Kätzchen massieren das Gesäuge, um mehr Milch zu bekommen.«

»Das ist der sogenannte Milchtritt«, erklärte Helms Mutter. »Fast alle Säuger tun das. Auch Babys, die gestillt werden, suchen mit ihren Händen immer wieder die Brust der Mutter.«

»Jetzt kommt der Nächste dran. Schnell ins Wasserbad, damit die Milch wieder warm wird.«

»Schüttle die Flasche nachher gut durch und halte sie gegen deine Lippen. So kannst du prüfen, ob die Temperatur stimmt«, riet Helms Mutter. Das nächste Junge war nicht ganz so schlau. Erst wendete es den Kopf immer wieder ab, sobald Anne mit dem Schnuller kam. Doch schließlich begriff es und begann zu saugen. Clärchen putzte die Welpen mit ihrer rauhen Zunge und schnurrte dabei laut und zufrieden. Die Mutter schaute auf die Uhr. »Vor einer Stunde sind wir angekommen. Wenn die so weitertrinken …«

»Dann bleiben wir die ganze Nacht auf«, vollendete Anne den Satz. »Kann ich schnell noch mal zu Hause anrufen, ob ich bleiben darf?«

Anne verschwand und kam bald darauf strahlend zurück.

»Ich darf bleiben. Meine Mutter meint, wir sollten uns nach einer Amme umschauen. Sie will sich morgen mal im Büro umhören.«

»Ich hab's. Wir lassen im Radio nach einer Hündin suchen. Tante Maile arbeitet beim Rundfunk. Da hat sie bestimmt Beziehungen. So finden wir sicher was.« Bei dieser Idee fiel allen ein Stein vom Herzen. So mutig sie beim Tierarzt versichert hatten, sie würden die Jungen auch ohne Mutter großziehen: Nach diesen anfänglichen Schwierigkeiten wurde ihnen nun doch recht bange. Eine Nacht kann man sich schon mal um die Ohren schlagen, selbst wenn man am nächsten Tag wieder in die Schule muss. Aber über Wochen rund um die Uhr die Kleinen betreuen! Das sagt sich leicht und tut sich schwer!

»Geh du nur ins Bett«, meinte Helm väterlich zu seiner Mutter, die verstohlen gähnend auf die Uhr gesehen hatte. »Alte Leute brauchen viel Schlaf.« Damit schob er sie zur Tür hinaus. Anne holte sich den Ohrensessel aus dem Wohnzimmer und stellte ihn neben das Wochenbett. Dann huschte sie noch einmal zurück und kam mit einem Krimi wieder. Helm nickte:

»Für solch eine Nachtwache ist das die richtige Lektüre. Möchtest du was zu trinken? Einen Orangensaft mit Eis kann ich empfehlen.«

»Noch nicht. Erst müssen die Kleinen alle getrunken haben. Vorher ist nichts mit der Gemütlichkeit«, sagte sie streng. »Wenn wir nur wüssten, wer schon etwas bekommen hat und wer nicht.«

Helm betrachtete den Wurf gedankenvoll. Clärchen genoss mit geschlossenen Augen und lautem Schnurren das Gewusel an ihrem Bauch. Die jungen Hunde, so klein sie noch waren, entfalteten einen erstaunlichen Egoismus. Sie drückten sich gegenseitig vom besten

Platz weg und legten sich quer über die Geschwister, um dadurch einen warmen, weichen Platz zu bekommen. Der Wurf war ständig in Bewegung. So war es unmöglich, sich zu merken, wer schon die Flasche bekommen hatte und wer noch hungrig war.

»Am besten malen wir jedem einen Punkt auf den Rücken. Mit lauter verschiedenen Farben. Dann können wir sie unterscheiden.«

»Gute Idee. Aber weißt du, ob die Farben ungiftig sind? Heutzutage liest man jeden Tag von irgendwelchen Giftstoffen in Farben. Sogar Fingerfarben für Kleinkinder sollen gefährlich sein. Wenn Clärchen das Zeug abputzt und runterschluckt, macht sie sich krank«, warf Anne ein.

»Eins zu null für dich«, musste Helm zugeben. »Schlaues Kind!« Sie streckte ihm die Zunge raus. Kind! Wenn sie das schon hörte.

»Mach lieber ein bisschen schneller mit der Milch. Die Kleinen verhungern sonst.« Sie beobachtete, wie Helm das Wasser abmaß, Pulver dazugab und schüttelte. Sie sah ihn gern an, tat das aber nur, wenn er es nicht merkte. Er war so dünn, dass seine Jeans um die Beine ein bisschen schlotterten und er die Hosen nur mit Gürtel tragen konnte. Aber seine Arme, die man aus dem kurzärmligen T-Shirt sehen konnte, waren muskulös, sehnig, aber nicht dünn. Als er sich plötzlich umsah, wurde sie rot und schaute schnell in ihr Buch. Helm grinste auf seine typisch asymmetrische Art. Er hatte einen sehr gewinnenden Charme, wenn er so grinste, fand Anne. Um nicht noch einmal rot werden zu müssen, konzentrierte sie sich lieber auf die Wurfkiste. Geschickt schmuggelte Helm einem Kleinen den Sauger ins Mäulchen. Anne betrachtete Helms Hände. Sie waren schmal und sehr lang, mit erstaunlich kleinen Fingernägeln, die, obwohl kurz geschnitten, nicht ganz sauber waren. Anne dachte an ihre eigenen Hände und fand sie noch hässlicher als sonst. Wurstfinger! Schnell versteckte sie sie in der Hosentasche.

»Wie wäre es, wenn wir jedem Hund ein anderes Muster ins Fell schneiden würden, um sie auseinanderzuhalten«, schlug er vor.

Anne zuckte unentschlossen mit den Schultern.

»Damit warten wir auf jeden Fall noch bis morgen. Vielleicht finden wir eine Hundeamme. Dann wäre es nicht mehr nötig.« Sie gähnte.

Nachtwache

»Müde?«, fragte er.

»Ein bisschen. Aber das geht vorbei. Was hast du eigentlich mit den Jungen vor, wenn sie größer sind?«, fragte sie schläfrig. – »Zwei könnte ich vielleicht behalten. Wir hatten Julia gedeckt, damit sie nicht allein ist. Dass es nun gleich sieben geworden sind, konnte man nicht voraussehen.«

»Dann musst du die anderen verkaufen? Ein schrecklicher Gedanke. Da zieht man diese Hunde mit so viel Liebe und Arbeit groß und muss sie dann weggeben. Am schlimmsten finde ich immer, dass man nicht abschätzen kann, in welche Hände sie kommen. Zum Beispiel Schmelchers. Ich sehe ein, dass eine gehbehinderte Frau gern etwas Lebendiges im Haus haben möchte. Aber für den Hund ist es furchtbar. Nie darf er rennen und mit anderen Hunden toben. Dabei ist das Leben von Wastel sicher nicht das schlimmste Schicksal. Er wird geliebt. Wenn ich da an die Hunde denke, die zu Weihnachten den lieben Kleinen unter den Christbaum gesetzt werden! Für die ersten Wochen ist das Tier ein lebendiges Spielzeug, dann wird es zur lästigen Pflicht, und Ostern wird der verdammte Köter an eine Freundin verschenkt. Die findet es unheimlich schick, mit einem Hund an der Leine durch die Straßen zu spazieren. Wenn man niemanden findet, der ihn haben will, so wird er auf der Fahrt zum Skilaufen an der Autobahnraststätte an einen Laternenpfahl gebunden. Man opfert sogar die teure Lederleine, damit der Hund nicht auf die Autobahn läuft und überfahren wird.« Anne hatte sich in Feuer geredet. Nun schwieg sie.

Auch Helm sagte eine ganze Weile nichts. Dann fragte er zaghaft: »Machst du mir Vorwürfe, weil ich Julia hab decken lassen? Natürlich übernimmt man damit Verantwortung für die Tiere. Ich gebe dir Recht. Man kann sich in Menschen sehr täuschen. Sie machen einen begeisterten Eindruck, geben dann den Hund trotzdem weiter. Aber es gibt doch genügend Menschen, die nett zu ihren Hunden sind, die sie gut versorgen und lieben.« Er sagte das beinahe bittend.

»Sicher gibt es die. Aber meiner Ansicht nach gibt es einfach zu viele Hunde, die ihr Leben im Tierheim verbringen müssen, weil sie keiner haben will. Sofern man das Leben nennen will. Jeder sogenannte Hundefreund sollte sich erst einmal um diese armen Kreaturen kümmern, bevor er sich beim Züchter einen teuren Rassehund bestellt.«

»Das sehe ich anders als du. Mir tun die Hunde im Tierheim auch furchtbar Leid. Aber solange ich die Wahl habe zwischen einem unverdorbenen Welpen und einem Hund aus dem Tierheim, würde ich mich immer für den Welpen entscheiden. Mit einem Hund möchte ich zusammenleben, Tag und Nacht. Er soll zehn bis fünfzehn Jahre lang mein Kamerad sein. Deshalb ist es mir wichtig, ihn möglichst jung zu bekommen, sodass ich ihn prägen kann. Ich möchte von ihm als Rudelführer anerkannt werden. Bei einem Hund aus dem Tierheim kenne ich seine Vorgeschichte nicht und weiß nicht, was er schon alles erlebt hat. Mir ist das Risiko zu groß, dass ich an einen Spinner gerate oder an einen, der wildert oder Kinder anfällt. Auch mit solch einem Hund muss ich mein Leben teilen, denn einen Hund ins Tierheim zurückbringen ...« Er zuckte mit den Schultern.

»Dann sollen deiner Meinung nach diese armen, ausgesetzten Hunde ruhig im Tierheim verblöden? Und du, du schaffst dir hier neue an, die vielleicht später auch im Tierheim landen?«

»Irgendwie hast du Recht, aber auch wiederum nicht. Man müsste neue Menschen schaffen. Menschen, die wieder ein Gefühl für die Natur und die Kreatur haben. Die die Tiere nicht wie Cola-Dosen wegschmeißen oder wie einen Pelzmantel zur Schau tragen.«

»Die Menschen können eigentlich auch nichts dafür. Sie leben in temperierten Betonsilos und merken darin nicht einmal, wenn es Frühjahr wird. Vor dem grässlichen Winter reißen sie aus in den Süden, damit sie nur nichts von der Kälte merken. Dafür wollen sie dann am liebsten im Sommer Schlittschuh laufen.« Anne schüttelte den Kopf.

»Wir müssen eine neue Welt schaffen«, lächelte Helm.

»Ja, ja, ›Schöne Neue Welt‹«, zitierte Anne einen Buchtitel.

»Na, so schön ist die dort beschriebene nun auch nicht«, gab Helm zurück. Er schien das Buch also zu kennen.

»Schau nur, wie zufrieden und satt sie nun sind.« Anne hatte sich zu den Hunden hinuntergebeugt und betrachtete sie. Nach Wärme suchend, lagen sie eng beieinander gekuschelt, teilweise auch übereinander, und schliefen. Manchmal bewegte sich ein winziges Pfötchen im Schlaf. Auch Clärchen schien jetzt, müde von den mütterlichen Pflichten, eingeschlafen zu sein.

»Da hast du eine Decke.« Helm war hinausgegangen und mit einem Reiseplaid wiedergekommen. Er wollte es um sie herumlegen.

»Lass nur, das kann ich selber«, meinte sie hastig. Dabei stieg ihr erneut die Röte ins Gesicht. Sie schloss rasch die Augen und tat so, als schliefe sie. Dabei hörte sie Helm herumkramen. Er schleppte einen Stuhl herbei, ging ins Wohnzimmer, suchte etwas im Kühlschrank. Als er endlich fertig war und sie ihn in einem Buch blättern hörte, wurden die Welpen wieder wach. Piepsend krochen sie, nach Milch suchend, auf der Katze herum. Anne stieß einen Seufzer aus, streckte die

Beine und stand auf. Nun war sie dran mit dem Flaschegeben.

Kurz vor Sonnenaufgang war es am schlimmsten. Anne wankte zur Spüle, mischte, nun schon mechanisch, die Milch an und fütterte.

»Ein Glück, dass die Kleinen den Schnuller nun anerkennen und gleich trinken«, dachte sie. Dabei war sie viel zu müde, um sich über den Erfolg zu freuen. Nach dem Tränken schlief sie sofort wieder ein. Helm war nicht einmal wach geworden. Erschrocken fuhr sie hoch, als ihr jemand die Hand auf die Schulter legte.

»Hier, trink einen Kaffee.« Helms Mutter reichte ihr eine große, getöpferte Schale mit schwarzem Kaffee.

»Oder willst du Milch und Zucker hinein? Ich finde es frevelhaft, sich so etwas hineinzutun.«

Anne trank zu Hause den Kaffee immer mit Milch und Zucker. Aber frevelhaft wollte sie nicht sein. Deshalb schluckte sie das bittere Gebräu tapfer hinunter. Es tat ihr sehr gut. Plötzlich war sie ganz munter. Die Welpen schienen die Nacht über schon gewachsen zu sein. Aber das war sicher nur Einbildung. Anfangs hatte sie gedacht, alle sähen gleich aus. Aber schon nach der ersten Nacht meinte sie Unterschiede festzustellen. Der Dicke, Dunkelste begriff sofort, wo die Milch herkam. Die etwas Hellere dort drüben mit dem schmalen Becken, die musste man zum Trinken wecken. Bei ihr dauerte es immer besonders lang, bis sie satt war.

»So, ich muss fort.« Helm stand in der Tür. »Ich würde ja gern schwänzen. Aber wir schreiben heute einen Test. Wenn ich nicht komme, muss ich nachschreiben. Da kann ich nicht abschreiben!«

Anne schaute auf die Uhr: »Himmel, ich muss auch fort. Wir schreiben zwar keine Arbeit, aber schwänzen – das kann ich meinen Eltern nicht antun.«

»Hast Recht. Man soll den Langmut der Eltern nicht zu sehr auf die Probe stellen. Ich bring dich mit dem Auto hin, sobald die Kinder hier fertig sind«, bot Helms Mutter an.

»Ich muss vorher noch fix heim und meine Schulsachen holen.«

Auf Ammensuche

»Nein, mit dem Rundfunk hat es leider nicht geklappt«, hörte Anne Helms Stimme am anderen Ende der Leitung. »Die dürfen nur solche Notrufe durchsagen, bei denen Menschenleben in Gefahr sind. Oder wenn jemand auf Urlaubsreise ist und zu Hause ist ein Unfall geschehen oder es hat einen Todesfall in der Familie gegeben.«

»Was machen wir nun?« Anne war verzagt. Ihr Kopf dröhnte, die Augen flimmerten vor Müdigkeit.

»Ich werde alle Tierärzte anrufen. Vielleicht weiß jemand eine Hündin, die einspringen kann.«

»Tierärzte«, sagte Anne verächtlich. »Mit denen haben wir ja gute Erfahrungen gemacht!«

»Ich weiß. Aber es gibt bestimmt auch andere. Ich rufe in allen Praxen an und frage. Was anderes bleibt uns nicht übrig.«

»Besser wäre«, überlegte Anne laut, »wenn du hinfahren würdest. Dann könntest du gleich fragen, ob du einen Zettel mit einer Suchmeldung irgendwo an die Tür kleben darfst. Etwa so: *Hilfe, wir sind sieben mutterlose Welpen. Wer stillt uns?*«

»Prima, das mach ich. Tschüss.« Damit knallte Helm den Hörer auf. Anne war enttäuscht. Sie hatte gehofft, er würde sie bitten zu kommen. Was nun?

»Dann eben nicht«, murmelte sie. Am liebsten wäre

sie ins Bett gekrochen. Schlafen! Wie schön wäre das! Aber sie musste aus dem Haus: »Wastel braucht mich«, dachte sie pflichtbewusst. Eilig verließ sie das Haus, um für Helm unerreichbar zu sein. Er sollte nicht glauben, dass sie hier auf seinen Anruf wartete!

Auf der extra langen Ausfahrt mit Frau Schmelcher und Wastel war sie über alles Mögliche aufgeklärt worden. Ganz beiläufig erzählte Anne von einer Diät für Hunde. Sie wollte herausbekommen, was Frau Schmelcher davon hielt.

»Versuchen könnte ich das schon. Wenn du mir das Futter besorgst? Es ist schlimm, wie er keuchen muss, der Gute.«

Anne war sehr zufrieden mit ihrem Erfolg und versprach sich um alles zu kümmern. Auf dem Rückweg bummelte sie, ganz gegen ihre Gewohnheit, an den Auslagen der Schaufenster entlang, um nicht so bald nach Hause zu kommen. Schon im Treppenhaus hörte sie das Telefon klingeln. Eilig nahm sie zwei Stufen auf einmal, schloss hastig die Wohnungstür auf, stürzte den Flur entlang zum Telefon.

»Tuuuuut«, klang es hämisch aus der Muschel: Zu spät! Anne warf den Hörer wütend auf die Gabel und schlenderte in die Küche. Hermann fing an zu schreien.

»Ja, komm her, mein Armer. Für dich habe ich überhaupt keine Zeit mehr.« Sie öffnete die Käfigtür und hielt ihm den Zeigefinger hin. Zufrieden gurrend nahm er darauf Platz und pickte liebevoll in ihren Fingernagel.

»Sag der Mami was ins Ohr«, schmeichelte sie und hielt den Vogel an ihr Ohr. Aber Hermann packte das Ohrläppchen mit dem Schnabel und biss fest zu.

»Wirst du wohl«, schimpfte sie und griff nach einem Bleistift, der immer auf dem Küchenschrank bereitlag. Damit gab sie dem Vogel einen kleinen Klaps. Das hatte sie von Vater gelernt. »Niemals ein Tier mit der Hand strafen. Sonst bekommt es Angst vor dir und lässt sich nicht mehr greifen«, sagte er. Auch die Großmutter strafte die Hunde, wenn es notwendig war, mit einer zusammengelegten Zeitung, so, dass es ordentlich klatschte, aber niemals schlug sie sie mit der Hand.

Hermann flog unter Protest auf Annes Kopf und zerrte an ihren roten Haaren. Das tat er immer, wenn er schlechte Laune hatte. »Nun lass schon. Ich hatte einfach keine Zeit. Stell dir vor, du hättest mich nicht mehr. Dann wärst du beinahe so schlecht dran wie die kleinen Hunde«, murmelte sie. Warum meldete sich Helm

nicht? Wollte er die Welpen in der nächsten Nacht allein versorgen?

»Soll er doch machen, was er will«, dachte sie trotzig. Unlustig ging sie in ihr Zimmer und setzte sich an die Schularbeiten. Hermann hüpfte über ihr Heft und pickte in den Bleistift. Die Müdigkeit von vorhin kam zurück. Ihr Kopf war leer und fühlte sich an, als wäre er mit Watte gefüllt. Jeden Satz im Geschichtsbuch musste sie dreimal lesen, um ihn zu verstehen. Merken konnte sie sich nichts von dem, was sie gelesen hatte. Ohne ihre Schulsachen wegzuräumen, legte sie sich aufs Bett. Ihr war alles egal. Nur schlafen wollte sie.

Das Klingeln des Telefons riss sie hoch. Noch nicht ganz wach, tappte sie in den Flur. Hermann kreischte begeistert und flog auf ihre Schulter.

»Ja«, gähnte sie verschlafen, »Anne Schuster hier.«

»Du, Anne, ich hab eine Amme. Stell dir vor. Sie ist gar nicht so weit von uns entfernt. Ein Pudel, der nur ein Junges hat. Die Leute waren zufällig beim Tierarzt und haben unsere Suchmeldung gelesen. Drei wollen sie nehmen. Das heißt, wenn die Mutter sie annimmt.«

»Wann wollt ihr sie hinbringen?« Anne war mit einem Schlag hellwach.

»Am besten gleich. Je schneller, desto besser.« Er schwieg. Anne schwieg auch, mit klopfendem Herzen.

»Was ist? Freust du dich nicht?« Stille. »Willst du nicht mitgehen?«, fragte Helm schließlich.

»Doch, natürlich gehe ich mit. Komme gleich.« Damit hatte sie den Hörer aufgeschmissen. Der Trotz von vorhin war wie weggeblasen. »Blödsinnig, sich wegen so etwas zu ärgern«, dachte sie. »Die Hauptsache ist, dass die Welpen eine Mutter haben!«

Sie schrieb einen Zettel für ihre Mutter und legte ihn gut sichtbar auf den Küchentisch. Sie malte rasch noch ein rotes Herz statt des i-Pünktchens bei »*Liebe Mom*«. Der protestierende Hermann musste zurück in den Käfig. Dann sauste sie die Treppe hinunter.

Helm erwartete sie an der Haustür.

»Willst du mir helfen die drei auszusuchen? Nehmen wir die selbstbewussten oder die schüchternen?«

Anne hatte sich diese Frage auf der Hinfahrt auch schon gestellt. Wie die Dinge augenblicklich standen, hatten sie nur für drei der Hunde eine neue Mutter. Vier müssten sie im schlechtesten Fall selbst aufziehen. Und ob diese vier allein durchkommen würden, das wussten sie nicht. Es war eigentlich nicht sehr wahrscheinlich.

»Ich würde sagen, wir nehmen erst die Schwächeren«, überlegte sie. »Immerhin besteht ja noch die Chance, dass wir auch für die anderen etwas finden. Und wenn nicht, dann bringen wir sie auch so durch.« Ihre Stimme hatte wieder den entschlossenen Ton, den Helm schon einmal bei ihr gehört hatte. Damals beim Tierarzt.

Damals, das war vorgestern gewesen. Er wunderte sich, wie schnell die Zeit verging. Vorgestern hatte Julia noch gelebt. Er schob diesen schmerzlichen Gedanken von sich. Jetzt musste er für ihre Kinder sorgen.

»Also los. Mutter fährt uns hin.« Damit ging er ins Haus. Anne folgte.

»Komm, wir legen sie in ein Handtuch. Zu dritt halten sie sich über die kurze Strecke gegenseitig warm.«

Julias Korb war auf dem Dachboden verstaut. Den wollte Helm nicht sehen. Er erinnerte ihn noch zu sehr an Julia und daran, wie er und seine Mutter den toten Hund im Garten beerdigt hatten. Obwohl er sich ein bisschen sentimental vorgekommen war, hatte er ein paar Vergissmeinnicht auf das Grab gepflanzt.

Anne beugte sich über das Wurfbett und beobachtete die Welpen genau.

»Der hier, und du dort drüben«, wählte sie. Sie war konzentriert bei der Arbeit: »Ach nein, ich glaube, du kannst dableiben«, sagte sie zu einem Dritten und legte den laut protestierenden Welpen zurück zu den anderen. Ein bisschen kam sie sich vor wie Herr über Leben und Tod. »Wenn wir für sie nun keine zweite Amme bekommen? Ist es gerecht, wie ich aussortiere?«

Helms Mutter war zu ihr getreten: »Wir werden schon noch eine Amme finden«, tröstete sie. »Ich habe überall Bescheid gesagt.« Damit strich sie Anne kurz über den strubbeligen Kopf. Im Allgemeinen hasste sie es, von fremden Menschen angefasst zu werden, aber es tat wohl, ohne Worte verstanden zu werden.

»So. Fertig«, meinte sie nun und richtete sich auf. Clärchen sah ihnen misstrauisch nach, als sie sich mit dem piepsenden Bündel entfernten. Aber dann wandte sie sich wieder ihren Mutterpflichten zu. Von diesen Menschen war sie noch nie enttäuscht worden.

Prinni

Im Hausflur ertönte keifendes Gebell, nachdem Anne geklingelt hatte. Bald darauf hörten Anne, Helm und seine Mutter Schritte und eine strenge Stimme: »Geh auf deinen Platz, Prinni, marsch.«

Das Bellen verstummte, die Tür ging auf.

Vor ihnen stand ein junger Mann, nicht viel älter als Helm. Kurz sagte er: »Ach, da sind Sie ja. Einen Augenblick, bitte«, und machte die Tür wieder zu. Die drei draußen sahen sich an.

»Komischer Typ«, murmelte Helm missbilligend. Anne trat ungeduldig von einem Bein aufs andere. Schließlich hörten sie erneut Schritte und das leise »Klack, klack« von Zehennägeln auf dem Steinfußboden.

»Kein Laut«, hörten sie die Stimme des jungen Mannes. Dann öffnete sich die Haustür. Neben dem jungen Mann kam ein großer, unfrisierter Königspudel an kurzer Leine heraus.

»Prinni, ruhig.« Damit strich er dem misstrauischen Hund über das lockige Fell.

»Ja, besonders gepflegt sieht sie zur Zeit nicht aus. Aber während der Trächtigkeit wollte ich sie nicht zum Scheren bringen. Sie regt sich immer sehr auf. Deshalb auch die langen Nägel«, entschuldigte er sich. »Während ich mit Prinni Gassi gehe, reiben Sie die Welpen

mit Knoblauch ein. Dabei sollten Sie nicht sparen. Die Jungen müssen alle ordentlich nach dem Zeug stinken. Der Knoblauch überdeckt alle anderen Gerüche. So weiß die Hündin nicht, welches ihr eigenes Junges ist. Nur so haben wir eine Chance, dass sie die neuen annimmt. Auf die Anzahl kommt es bei Hunden nicht an, nur auf den Geruch. Die geschnittenen Knoblauchzehen liegen im Flur neben der Wurfkiste. Bis gleich.«

Damit ging er durch den Gartenweg auf die Straße. Im Flur stand eine große, hölzerne Wurfkiste. Sie war mit einem sauberen Laken ausgeschlagen, auf dem ein wimmerndes Hundekind suchend herumkroch. An der

Innenwand der Kiste war in halber Höhe ein zehn Zentimeter breites Brett angebracht.

»Sehr ordentlich«, lobte Anne fachmännisch. »Da kann die Pudelin die Kinder nicht versehentlich an die Wand drücken und zerquetschen.«

»Hier ist der Knoblauch. Wir sollten uns beeilen, damit wir fertig sind, wenn die beiden zurückkommen.« Helms Mutter nahm eine geschälte, der Länge nach durchgeschnittene Knoblauchzehe. Mit der aufgeschnittenen Seite rieb sie den Welpen, sorgfältig gegen den Strich fahrend, am ganzen Körper ein. »So, jetzt noch der Bauch, dann bist du fertig. Es duftet hier wie in einer griechischen Kneipe. Aber Hauptsache, es hilft.« Die beiden anderen nahmen sich je einen Welpen vor.

»Den kleinen Pudel dürfen wir nicht vergessen. Sonst merkt sie es am Ende doch«, riet Anne. »Hoffentlich klappt der Trick. Ich bin ja so gespannt.« Kurze Zeit später hörten sie draußen Schritte. Die beiden kamen zurück.

»Am besten ist, Sie gehen gleich geradeaus ins Wohnzimmer und warten dort. Prinni ist ziemlich wachsam, seit sie das Junge hat.« Bedauernd zogen die drei ab. Sie hätten gar zu gern gesehen, was sich nun abspielte. Aber der junge Mann würde seinen Hund wohl am besten kennen. Auf keinen Fall wollten sie den Hund durch ihre Anwesenheit misstrauisch machen und so das ganze Vorhaben in Frage stellen. Anne ging in die Hocke, um durchs Schlüsselloch zu schauen.

»Diese blöden Sicherheitsschlösser. Nichts sieht man«, murmelte sie und presste ihr Ohr gegen die Tür.

Sie wollte unbedingt erfahren, was sich da im Hausflur abspielte. Enttäuscht zuckte sie mit den Schultern. Es dauerte schier endlos, bis die Tür sich schließlich öffnete. Der junge Mann trat ein und zog die Flurtür rasch hinter sich zu.

»Sie hat die Kleinen angenommen«, strahlte er erleichtert. »Erst schnüffelte sie zwar aufgeregt umher. Die Dackel haben sich schlau verhalten. Wie selbstverständlich nahmen sie die Zitzen an.«

»Das möchte ich zu gern sehen«, meinte Helm.

»Heute lieber nicht. Wir sollten sie erst einmal in Ruhe lassen, damit Prinni nicht doch noch misstrauisch wird«, wehrte der Pudelbesitzer ab. »Übrigens, ich heiße Thomas Knopp.« Er deutete einen Diener an, indem er den Oberkörper ab der Hüfte leicht nach vorn beugte. »Ich begleite Sie hinaus.«

Zita, der Kuchenhund

Clärchen maunzte ihnen vorwurfsvoll entgegen, als sie die Tür öffneten. Die Welpen krochen wimmernd auf ihr herum. Sie hatten Hunger.

»Gleich gibt's was«, beruhigte die Mutter die Katze und machte sich ans Fläschchenkochen. Das Telefon klingelte. Helm nahm den Hörer ab und meldete sich. Anne hockte neben der Kiste und streichelte beruhigend die Jungen. Sie war so müde. Am liebsten wäre sie auf der Stelle eingeschlafen. Irgendetwas in Helms Stimme ließ sie jedoch plötzlich wach werden.

»Ja, tatsächlich? Heute noch?« Er klang begeistert. »Wir werden uns beraten und rufen Sie gleich wieder an. Die Nummer habe ich notiert.« Damit legte er auf.

»Da hat jemand eine Hündin, der die Jungen eingegangen sind. So ein Glück!«, jubelte er.

»Na horch mal, du Egoist.« Die Mutter schüttelte den Kopf. »Du freust dich, wenn bei jemand anderem die Welpen eingehen!«

»Na, so hab ich es ja nicht gemeint.« Die Mutter hielt dem ersten Welpen die Flasche hin. Dabei schaute sie auf die Uhr.

»Es ist schon zehn. So gut wie die Kleinen nun trinken, werden sie es auch noch diese Nacht mit Clärchen als Amme aushalten. Ich denke, es ist besser, wir verschieben es auf morgen.«

Anne war erleichtert über diese Entscheidung. Aber sie war so abgrundtief müde, dass sie das Gefühl hatte, keinen klaren Gedanken fassen zu können.

»Komm, Anne, ich fahr dich heim.« Helms Mutter fasste sie am Arm.

»Und mein Rad?«, protestierte sie schwach.

»Das spielt keine Rolle. Ich hol dich morgen Mittag nach der Schule ab. Jetzt musst du erst einmal richtig schlafen.«

Helms Mutter legte sanft einen Arm um ihre Schultern. Wenn Anne etwas hasste, dann war es zum einen, wenn sie von fremden Menschen angefasst wurde. Das Zweite, das sie nicht leiden konnte, war, wenn sie jemand bevormundete. In diesem Augenblick jedoch, in dem Helms Mutter sie sanft zur Tür schob, war sie dankbar für beides. Sie fühlte eine so starke Bindung zu dieser Frau, dass sie ganz vergaß, Helm »gute Nacht« zu wünschen.

Erschrocken fuhr sie hoch. Jemand rüttelte sie sanft am Arm. »Kaum bist du im Auto gesessen, da warst du auch schon eingeschlafen!« Helms Mutter lächelte Anne zu. »Soll ich dich raufbringen?«

Verlegen schüttelte Anne den Kopf: »Danke, vielen Dank fürs Heimbringen. Ich bin ganz munter«, meinte sie hastig.

»Danken müssen wir dir, dass du dich so für die Kleinen einsetzt«, sagte die Frau warmherzig. »Dann bis morgen.«

Anne stand am Straßenrand und spähte nach dem Auto von Helms Mutter aus. Sie hatte angerufen und gebeten, sie möge sich an die Straße stellen, damit sie gleich zusteigen könne. Einen Parkplatz fand man ja um diese Zeit nicht.

Da kam der Wagen! Helms Mutter gab zuerst mit der Lichthupe Signal, schaltete etwa 50 Meter von Anne entfernt die Warnblinkanlage ein und fuhr scharf an den Gehweg heran. Anne lief zum Auto, riss die Tür auf, warf sich auf den Beifahrersitz und knallte die Tür zu.

»Achtung, Hintermann«, warnte Helm vom Rücksitz. Die Mutter lachte: »Gut, dass du mich erinnerst, in den Rückspiegel zu schauen. Bei solcher Hektik macht man leicht Fehler.« Mit eingeschaltetem Blinker beobachtete sie den rückwärtigen Verkehr.

»Schnell, jetzt kannst du raus.« Helm war zuverlässig.

»Na, wie hast du geschlafen?«, fragte Helms Mutter, nachdem sie sich in den fließenden Verkehr eingeordnet hatte.

»Brunnentief und traumlos«, gab Anne zurück und räkelte sich dabei genüsslich ins Polster. »Wohin fahren wir nun?«

»Direkt zur neuen Amme«, erklärte Helm vom Rücksitz her. »Knoblauch habe ich schon besorgt. Hoffentlich klappt es wieder so gut. Der Pudel-Knopp hat angerufen. Alles in Ordnung.«

Sie kamen in eine verkehrsarme, solide Wohngegend. Helm hielt zusammen mit seiner Mutter Ausschau. »Hier irgendwo müsste es sein. Richtig. Das Eckhaus mit dem Erker. Parken kann man hier überall«, sagte die Mutter erleichtert. Die Gartenplatten, über die sie auf das Haus zuliefen, schienen frisch gebohnert zu sein. Kein Unkräutlein wuchs unter den Rosensträuchern. Die Rasenkanten waren schnurgerade abgeschnitten, der Rasen selbst so kurz geschoren, dass er grau wirkte.

»Ekelhaft steril«, flüsterte Anne Helm zu. Der nickte und meinte düster: »Da bin ich mal auf den Hund gespannt.«

Die Mutter drückte zaghaft den riesigen, glänzenden Messingknopf. Nach einiger Zeit hörte man schlurfende Schritte. Eine dickliche Frau in einer Wickelschürze und Kopftuch, unter dem sich deutlich die Lockenwickler abzeichneten, öffnete misstrauisch.

»Na, dann kommen Sie mit«, meinte sie mürrisch, nachdem Helms Mutter ihr Anliegen vorgebracht hatte. Dabei wanderten ihre Augen missbilligend von der staubigen Fußbedeckung ihrer Gäste hin zu ihrem glänzenden, hygienisch einwandfreien Fußboden. Die Welpen auf Helms Arm begannen sich lautstark zu melden. Plötzlich hellte sich das Gesicht der mürrischen Dame auf. »Sie haben die Kleinen schon mitgebracht?« Damit watschelte sie mit nach außen zeigenden Fußspitzen auf Helm zu. Der schlug ein wenig widerwillig das Tuch zurück.

»Ach, ihr armen Waisenkinder. Was seid ihr doch für nette Würsterl. Kommt, ich bring euch rasch zur Zita-Mama. Was wird die für eine Freude haben.« Sie nahm dem verdutzten Helm einfach das Bündel aus der Hand und eilte ins Haus.

»Halt, halt, erst der Knoblauch.« Helm stürzte ihr nach.

»Was, Knoblauch? Nicht in unserem Haus. Das stinkt ja wie auf dem Balkan.«

Es blieb den dreien nichts anderes übrig, als hinterherzulaufen. Der Hausflur glänzte vor kahler Reinlichkeit. Außer einem aus Plastik nachempfundenen hölzernen Schirmständer mit Bauernmalerei auf dem Fußboden und einem Knüpfbild, Motiv »Röhrender Hirsch auf der Waldlichtung«, war der Flur leer. Etwas gehemmt, jedoch eilig, um den Anschluss nicht zu verpassen, liefen die drei hinterher ins Wohnzimmer. Hier waren die schweren Vorhänge zugezogen, sodass sie im Dämmerlicht kaum etwas erkennen konnten.

Man ahnte die schweren, dunklen Holzmöbel mehr als dass man sie sah. Durch den Luftzug, den das Öffnen der Tür verursachte, begann der gläserne Kronleuchter leise zu klingeln. Anne hatte das Gefühl, als müsse sie gleich ersticken.

Es war so dämmrig, dass Anne auch den kleinen weißen Hund nicht gleich gesehen hatte. Es war ein noch junger Hochland-Terrier.

»Ja, Zita, schau nur, was die Mama dir mitgebracht hat«, hörten sie die Dame gurren. Ehe Helm »Halt« rufen konnte, hatte die Hündin ihre Nase bereits in das Welpenpäckchen gesteckt. Uninteressiert schnüffelte sie an den Jungen. Als diese anfingen zu fiepen, stellte sie ihre dreieckigen Terrierohren ein wenig auf und begann dann die Welpen zu lecken. Helm hatte gespannt die Luft angehalten. Nun stieß er ein erleichtertes »Puh« aus. Die Dame lief zum Hundekörbchen und bettete die Kleinen hinein. Sie tat das mit einer Selbstverständlichkeit, die keine Zweifel daran aufkommen ließ,

dass sie die Jungen bei sich behalten wollte. Zita war hinterhergetrottet, stieg behäbig in dieses Kinderbett und kringelte sich wie selbstverständlich zu den Welpen. Eigentlich hätten alle drei Grund zum Strahlen gehabt. Hätten sie sich träumen lassen, dass die Adoption so problemlos ablaufen würde? Aber allen dreien kam unabhängig voneinander der gleiche Gedanke. Anne flüsterte Helm ins Ohr: »Wie kriegen wir nur diese Zita aus dem Haus? Wir können doch die Kleinen nicht hier lassen!« Helm nickte. Die Mutter begann vorsichtig tastend ein Gespräch mit Zitas Besitzerin.

»Wann sind denn die Kleinen gestorben?«

»Na, richtig gestorben sind sie nicht. Sie waren schon tot, als sie zur Welt kamen. Das war gestern«, erklärte die Frau. »Aber nun hat sie ja wieder welche.«

Die Mutter schwieg einen Augenblick. Dann fragte sie weiter: »Hat Zita schon mal Junge gehabt?«

»Nein. Das war das erste Mal. Ich war ja so aufgeregt. Und dann ...« Die Frau zuckte bedauernd mit den Schultern.

»Wie traurig für Sie. Einfach ist es nicht, kleine Hunde großzuziehen. Anfangs, solange sie noch im Körbchen liegen, geht es noch. Da putzt die Mutter ihnen mit der Zunge den Po ab und hält das Lager fein sauber. Aber wenn sie dann feste Nahrung zu sich nehmen, dann geht es los. Überall laufen sie herum, machen ihre Bächlein mit Vorliebe auf den Teppich. Und die vielen Würstchen, die man überall findet!« Um ihre Worte zu unterstreichen, schlug sie mit gespieltem Entsetzen die Hände über dem Kopf zusammen. Das erstarrte Gesicht der Hausfrau zeigte Helms Mutter, dass sie auf dem richtigen Weg war:

»Na ja, das ist nicht so schlimm. Mit den hellen Flecken auf dem Parkett muss man sich abfinden. Da hilft kein Scheuerpulver. An den Troddeln Ihres Sofas werden die Kleinen ihre helle Freude haben. Ich sehe sie schon ihre weißen, spitzen Milchzähne hineinschlagen, knurrend daran reißen und schütteln, als wäre es ein Hase, dem sie den Garaus machen wollen. Als wir das letzte Mal Welpen hatten, wollte nicht einmal meine beste Freundin mich besuchen. So schlimm sah es bei uns aus.« Sie machte eine Pause, um ihre Worte wirken zu lassen.

»Na, wenn das so ist«, stotterte die Hausfrau erschüttert. »Was machen wir denn da? Meine schöne Wohnung.« Sie schwieg. »Aber ohne Mutter sterben sie vielleicht! Was machen wir nur?«

»Wie wäre es«, begann Helms Mutter sanft, »wenn wir Zita für sechs oder sieben Wochen zu uns nehmen würden? Wir haben einen Garten und genügend Platz. Natürlich trennt man sich nicht gern von seinem Hund. Aber Sie würden damit vier jungen Hunden einen guten Start ins Leben ermöglichen.« Man sah, wie die Frau mit sich kämpfte. Dann gab sie sich einen Ruck.

»Also gut, einverstanden.« Noch bevor sie ausgeredet hatte, packte Helm den Korb samt Mutter und Kindern. Er hatte Angst, sie könnte ihren Entschluss rückgängig machen.

»Hier ist die Leine von Zita und ihr Futter. Aber gern frisst sie es nicht. Eigentlich mag sie nur Kuchen und Schokolade.«

Alle hatten es plötzlich sehr eilig. Zitas Besitzerin wollte den Abschied rasch hinter sich bringen. Die anderen drei hatten das Gefühl, sich mit einem Raub davonzustehlen.

»Das hast du raffiniert gemacht«, lobte Helm anerkennend, als sie nach Hause fuhren.

»Ich weiß nicht recht. Ein ganz gutes Gefühl habe ich nicht dabei.«

»Ach was«, meinte Anne unbekümmert. »In so einer Wohnung hätten die Kleinen ein Trauma bekommen. Und außerdem«, ereiferte sie sich, »ist es kein Wunder, dass die Jungen tot zur Welt gekommen sind, wenn die Hündin nur von Kuchen und Schokolade lebt. Sie muss unbedingt Fleisch bekommen. Sonst sind in der Milch nicht genügend Nährstoffe enthalten.«

Clärchen machte ein langes Gesicht, als sie kurzerhand vor die Tür gesetzt wurde. Empört schaute sie von draußen durchs Fenster hinein. Aber ihre Empörung half nichts. Zita war nun die Hauptsache.

Fütterung und Ernährung

Der Hund ist, was er isst!

Dieses bekannte Wort sollte man sich immer vor Augen halten. Ein falsch ernährter Hund wird krank: Er leidet unter Konditionsschwäche, Hautausschlag und Nervenstörungen. Wer meint, sein Hund sei ein Müllschlucker, den man von den Resten des Mittagessens ernähren kann, der spart an der falschen Stelle. Er wird sein Geld zum Tierarzt tragen. Grundsätzlich braucht der Körper des Hundes zwar, genau wie der des Menschen, eine Zusammensetzung aus Eiweiß, Fett und Kohlehydraten. Der Unterschied besteht jedoch in der Art der Zusammensetzung! Der Mensch lebt von gemischter

Kost, die überwiegend aus Kohlehydraten besteht. Er kann sich auch ausschließlich von pflanzlicher Kost ernähren, ohne dabei krank zu werden. Viele Vegetarier beweisen das. Der Hund hingegen ist als Raubtier beinahe ausschließlich auf Fleisch angewiesen.

Seine Vorfahren, der Wolf und der Schakal, reißen noch heute Beute und fressen das Fleisch. Daneben ernähren sie sich zusätzlich vom Mageninhalt ihrer Beute, der aus vorverdauten Pflanzen besteht. Diese »Gemüsebeilage« braucht der Hund, um seinen Mineralstoff- und Vitaminbedarf zu decken. Wir können unseren Hund im Allgemeinen mit solch einer Kost nicht beglücken. Wichtig ist jedoch das gelegentliche Füttern von rohem Fleisch. Im Gegensatz zum gekochten Fleisch enthält es mehr Mineralien und ist für den Hund leichter zu verdauen. Natürlich ist das eine Frage des Geldbeutels.

Keine Angst! Es muss ja kein Steak sein! Das wäre auch gar nicht gesund, denn es ist zu mager. Der Hund braucht einen gewissen Anteil Fett in seinem Futter. Du kannst ihm statt des teuren Muskelfleisches auch Pansen, Euter, ungereinigten Blättermagen, Herz und andere Innereien und Fleischabfälle geben, die für den menschlichen Verzehr als minderwertig gelten. Auch Geflügel

oder Kaninchenfleisch (Achtung bei den spitzen Knochen!) und hin und wieder Fisch (ohne Gräten) oder Quark und Eier sind eine gute Abwechslung. Blättermägen sehen zwar für den Futtermeister recht unappetitlich aus, für den Hund sind sie eine Delikatesse. Als Beilage fütterst du oft geriebene Möhren, Sellerie, ab und zu einen Apfel, Zwiebeln oder Kräuter. Schweinefleisch darf nur in gekochtem Zustand gefüttert werden. Im rohen Fleisch kann sich ein Virus befinden, der für den Hund absolut tödlich ist. Er kann ebenso im Knochen enthalten sein. Für Hunde, die von diesem Virus befallen werden, gibt es keine Rettung. Die Krankheit heißt Aujeszkysche Krankheit. Man nennt sie auch Pseudo-Wut, weil ihre Anzeichen der Tollwut ähneln. Die Hunde sterben innerhalb von zwei bis sechs Tagen einen qualvollen Tod. Deshalb: *Hände weg von rohem Schweinefleisch!*

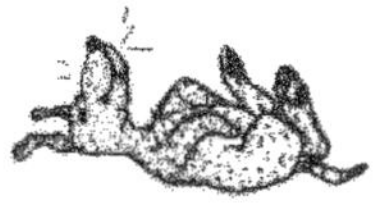

Rohe Nieren, Milz und Leber führen zu Durchfall. Wenn dein Hund harten Kot hat, kannst du ihm kleine Portionen von diesen Innereien ins Futter mischen. Leber sollte man nicht zu häufig füttern. Die Leber ist die Entgiftungszentrale des Körpers. In ihr sammeln sich die giftigen Stoffe an, die der Körper zusammen mit den Lebensmitteln aufnimmt. Innereien in gekochtem Zustand wirken stopfend. Lunge besteht zum großen Teil aus Luft. Sie hat deshalb keine Nährwerte und wird nicht gern gefressen.

Auf Reisen ist eine Dose Fertigfutter recht praktisch. Auf Dauer ist es jedoch teuer. Dazu kommt, dass man etwa die doppelte Menge geben muss wie bei Frischfleisch, da das Futter sehr viel Wasser enthält. Ich bin kein Freund von Dosenfutter. Heutzutage, wo das Müllaufkommen immer größer wird, sollte man als Naturfreund das Futter besser in Papiertüten oder in einem Sack kaufen. Das trockene Fertigfutter ist in seiner Zusammensetzung sehr ausgewogen, sodass man es mit kochendem Wasser oder Fleischbrühe zu einer vollwertigen Mahlzeit machen kann.

Kohlehydrate
Gekochter Reis oder gebrühte Getreideflocken mischt man unter das Fleisch. Besonders gesund sind grobe Haferflocken. Hast du kein Frischgemüse zur Hand, so kannst du den Bedarf an Vitamin C mit einer winzigen Prise Zitronensäure aus der Apotheke decken. Kartoffeln sind für den Hund schlecht verdaulich. Sie sollten, wenn sie überhaupt gefüttert werden, ganz gar gekocht und zerstampft werden. Kartoffeln sind reich an Kohlehydraten. Sie machen den Hund dick und schwammig. Teigwaren sind kein geeignetes Hundefutter. Sie pappen im Magen zusammen und verursachen Verdauungsstörungen.

Fett
Das Futter sollte einen kleinen Anteil an tierischem Fett enthalten. Besonders junge Hunde bekommen ein struppiges Fell und trockene Haut, wenn sie nur mit magerem Fleisch ernährt werden. Frische, rohe Milch ist ein guter

Fettspender. Zudem enthält Milch wichtige Spurenelemente. Auch dem erwachsenen Hund tut eine tägliche Ration frischer, ungekochter Milch recht gut. Statt Wasser nur Milch zu geben wäre allerdings des Guten zu viel getan.

Mineralien

Für den Aufbau von Knochen und Zähnen sind Mineralstoffe sehr wichtig. Der Hund benötigt Calcium und Phosphor in einem ausgewogenen Verhältnis. Am besten deckt man den Bedarf mit Knochen (Achtung bei rohen Schweineknochen!) oder Knochenmehl. Besonders gut sind weiche Kalbsknochen oder Knorpel geeignet. Niemals darfst du spitze Geflügelknochen füttern! Sie können Speiseröhre und Magen durchstechen. In der Tierhandlung kannst du Futterkalk kaufen. Meist ist auf der Packung angegeben, wie viel du deinem Hund ins Futter mischen darfst. Findet dein Hund beim Spaziergang eine verweste Maus und frisst sie, so ist das nicht bedenklich. Hunde mögen dies hin und wieder. Ist er jedoch darauf sehr gierig und frisst er zudem Kot, so stimmt etwas in der Ernährung nicht.

Allgemeine Hinweise
Das Futter soll immer lauwarm gereicht werden. Zu kaltes Futter aus dem Kühlschrank verursacht Magenbeschwerden. Im Sommer muss der Napf nach dem Füttern sofort ausgewaschen werden, denn die Fliegen setzen ihre Eier mit Vorliebe in den Futterresten ab. Fütterst du deinen Hund im Winter im Zwinger, so wartest du ab, ob er auch wirklich frisst. Lässt er seinen Napf stehen, so nimmst du ihn wieder mit. Sonst gefriert das Futter, und er erkältet sich damit später den Magen. Füttere deinen Hund immer zur gleichen Zeit und am gleichen Ort.

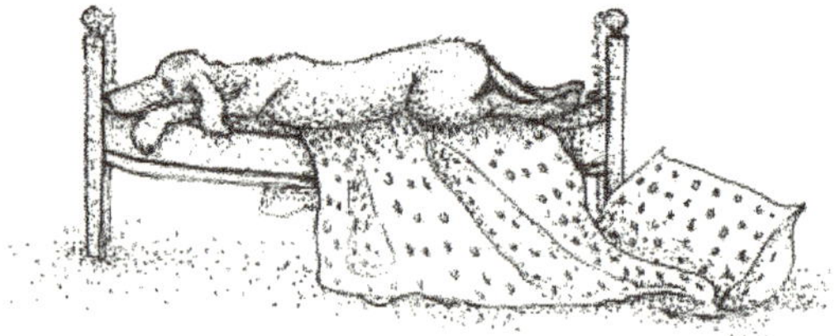

Große Hunde lässt man nach dem Fressen drei Stunden ruhen. So beugt man einer Magenumdrehung vor (siehe S. 222, 303).

Frisches Wasser muss den ganzen Tag erreichbar sein.

Wie viel Futter braucht mein Hund?
Bei vielen Stadthunden ist der Wohlstandsbauch ein ebenso großes Problem wie bei den Menschen. Ein fetter Hund leidet. Er kann sich schlecht bewegen, ist kurzatmig und apathisch. So beginnt ein Teufelskreis: Weil er fett ist, bewegt er sich ungern. Weil er sich ungern bewegt, wird er noch fetter. Muss er über längere Zeit Fettpolster mit sich herumschleppen, so stellen sich Beschwerden an Herz und Kreislauf ein.

Es gibt kein allgemein gültiges Rezept für jeden Hund und jede Rasse. Wie auch beim Menschen, so gibt es auch beim Hund gute und schlechte Futterverwerter. Kleinere Rassen, besonders Dackel, neigen zu Fettansatz. Der Kalorienbedarf hängt von der Arbeit ab, die ein Hund zu leisten hat: So braucht ein Polizei- oder Jagdhund gehaltvolleres Futter als ein Haushund, der nur dreimal täglich um den Block geführt wird. Ein junger Hund, dessen Körper noch im Wachsen ist, braucht natürlich mehr Futter als ein erwachsener Hund. Auch Deckrüden und Zuchthündinnen werden speziell ge-

füttert. Einen Tag in der Woche sollte der Hund fasten. Der Tisch von Wolf und Schakal ist in freier Wildbahn auch nicht jeden Tag gedeckt. Der Magen des Hundes ist darauf eingerichtet, große Mengen auf einmal aufzunehmen. Genauso gut kann der Hund jedoch ein paar Tage fasten, ohne dass ihm dies etwas schadet. Besonders bei schlechten Fressern wirkt ein Fastentag manchmal Wunder. Insgesamt sollte der Hund etwa ein Zwanzigstel seines normalen Körpergewichtes täglich an Futter bekommen. Woher weißt du, wie viel er wiegt? Du stellst dich auf eure Personenwaage und merkst dir dein Gewicht. Dann nimmst du deinen Hund auf den Arm, und ihr wiegt euch gemeinsam noch einmal. Von diesem Gewicht ziehst du deins ab. So weißt du, wie schwer dein Hund ist. Allerdings geht das nur mit kleinen und mittelgroßen Hunden.

Für manche Ausstellungshunde gelten, ich möchte sagen leider, besondere Bedingungen. Da gibt es Rassen, die nur hoch prämiert werden, wenn sie vom medizinischen Standpunkt aus eigentlich zu fett sind. Auffällig ist dies bei einigen Rassen wie dem Basset, dem Mops oder der Französischen Bulldogge. Leider werden auch Irische Wolfshunde häufig in zu fetter Kondition ausgestellt. Diese großen und kräftigen Windhunde verlieren dadurch an Eleganz und Geschmeidigkeit.

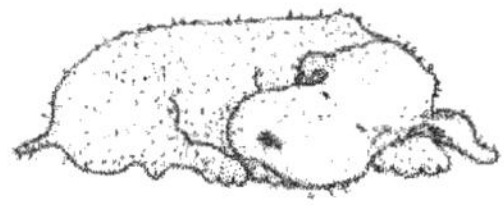

Wie füttere ich meinen jungen Hund?
In dieser Frage lässt man sich am besten vom Züchter beraten, wenn man den Welpen bei ihm abholt. Hat er seine Welpen mit Fertigfutter ernährt, so lässt man sich davon etwas mitgeben. Jede Futterumstellung, besonders bei den noch sehr empfindlichen Welpen, führt zu Magenverstimmungen.

Nach dem Absetzen von der Mutter bis zur 10. Woche bekommt der Kleine vier Mahlzeiten täglich. Die Abstände zwischen den Mahlzeiten betragen vier bis fünf Stunden.

1. Mahlzeit, morgens:
Rohes oder gekochtes Fleisch.
2. Mahlzeit, mittags:
Quark mit geriebenem Gemüse und fein gehacktem Salat.
3. Mahlzeit, am späten Nachmittag:
Rohes oder gekochtes Fleisch mit Gemüse, Weizenkleie, Weizenkeimen, Hundeflocken. Je nach Alter sollte das

Fleisch nicht mehr ganz fein geschnitten sein. Zähne und Magen brauchen Arbeit.

4. Mahlzeit, spätabends:

Ein rohes oder gekochtes, fein gehacktes Ei. Rohe, frische Kuhmilch ist für einen jungen Hund sehr bekömmlich, da sie viele Mineralien und Spurenelemente enthält. Nach einer Fleischnahrung darf der Hund keine Milch bekommen. Diese Kombination erzeugt Fehlgärungen im Magen. Damit man nachts mit dem jungen Hund nicht Gassi gehen muss, sollte er nach fünf Uhr abends nichts mehr zu trinken bekommen.

Zwischen der 10. und der 16. Woche

In dieser Zeit wächst der Hund rasch. Er braucht also entsprechend mehr Futter. Die Zusammensetzung bleibt dieselbe. Mit Hundekuchen und Flocken kannst du das Futter etwas strecken.

Ab der 16. Woche

Nun bekommt dein Hund nur noch zwei Mahlzeiten am Tag. Eine morgens, die andere abends. Ist er ausgewachsen, so reduziert man die Futtermenge. Kleinere Hunde sind meist frühreif. Sie sind mit etwa neun Monaten ausgewachsen. Große Rassen erreichen ihre volle Körpergröße und Breite meist erst mit eineinhalb Jahren.

Heimweh

Zita fraß wirklich kein Fleisch. Weder roh noch gekocht rührte sie es an. Sie war überhaupt ein merkwürdiger Hund. Von der neuen Umgebung nahm sie keine Notiz. Sie ging zwar brav an der Leine Gassi, horchte auf »Sitz« und »Platz«, ließ auch die Welpen saugen und putzte sie, aber all das geschah ohne spürbare Regung. Niemals wedelte sie mit dem Schwanz, wenn jemand zur Tür hereinkam. Anne fragte ihre Großmutter und erhielt telefonisch Rat: »Sie wird Heimweh haben. Stell dir vor, du wärest plötzlich in einer ganz fremden Umgebung. Ihr könnt von Glück sagen, dass sie die Jungen brav versorgt. Was das Futter betrifft: Auf jeden Fall müsst ihr sie dazu bringen, Fleisch zu fressen. Nur so kann sie gehaltvolle Milch geben. Aber Fleisch allein genügt nicht. Versucht, ob ihr frisch geriebenes Gemüse ins Hackfleisch mischen könnt. Wenn es nicht anders geht, dann muss sie sozusagen zwangsernährt werden. Du machst ihr das Maul auf, nimmst ein bisschen Hackfleisch und legst es hinten auf die Zungenwurzel. Dann hältst du ihr das Maul so lange zu, bis sie geschluckt hat. Du musst beim Metzger darauf bestehen, dass es reines Rinderhack ist. Schweinefleisch dürfen Hunde niemals roh bekommen! Wenn die Welpen drei Wochen alt sind, kannst du versuchen ihnen winzige Hackfleischbällchen ins Maul zu schieben. Das Fleisch soll nicht zu fett sein, sonst bekommen die Kleinen rasch Durchfall.«

Auch diese Art der Zwangsernährung ließ Zita teilnahmslos über sich ergehen.

»Wenn sie mich wenigstens mal beißen würde.« Helm war verzweifelt über den Hund. »Sie ist wie ein Möbelstück.«

»Freu dich an den Jungen«, tröstete Anne ihn: »Du darfst einfach nicht aufgeben. Rede mit ihr, streichle sie, auch wenn du keine Antwort von ihr bekommst. Selbst wenn sie es dir nicht zeigt, wird sie dafür dankbar sein.«

Die Welpen gediehen prächtig. Am zwölften Tag öffneten sich langsam die Augen. Erst konnte man durch einen kleinen Schlitz den noch milchigen Augapfel schimmern sehen. Aber bald konnten die Kleinen die Augen richtig öffnen und schließen. Ein paar Tage später waren die Augäpfel dunkel glänzend und die Welpen konnten richtig sehen. Was hatten sie nun für süße Gesichter! Noch waren die Nasen ziemlich kurz und ein wenig stupsig. An den länger werdenden Ohren und an den großen, dunklen Augen konnte man schon das typische Dackelgesicht erkennen. Dazu die dicken Falten, die sich auf der Stirn bildeten!

»Ihr müsst erst noch in eure Anzüge hineinwachsen«, lachte Anne verliebt. »Ihr habt viel zu viel Haut für das bisschen Körper.«

Als die Kleinen noch blind gewesen waren, hatten sie behäbig, aber zielstrebig um die ergiebigsten Zitzen gekämpft, indem sie ihre stumpfen Nasen als eine Art Keil benützten. Nun aber, wo sie etwas sehen konnten, begannen sie zu spielen: knurren, angreifen, sich gegenseitig in die Schnauzen beißen, den Gegner an der Kehle packen! Was war das für ein herrliches Spiel! Noch schöner war es, wenn man den Gegner am Ohrläppchen erwischte. Daran konnte man, mit fest in den Boden gestemmten Vorderbeinen, ziehen und zerren. Bald wurden die Kämpfe lauter und intensiver. Wenn man den Welpen die Lefzen hob, sah man deutlich die schneeweißen, nadelspitzen Milchzähne. Jeden Tag, mit dem sie kräftiger wurden, forderten sie mehr Milch. Man konnte Zita ansehen, wie schmerzhaft es war, wenn sie laut schmatzend saugten und dabei die Zitzen mit ihren scharfen Krallen massierten. Wurde es gar zu arg, so stellte Zita sich zum Säugen hin, um wenigstens dem Milchtritt zu entgehen. Da die Beine eines Hochlandterriers jedoch länger sind als die einer Dackelhündin, konnte sie sich nicht richtig aufstellen, sonst hätten die Kleinen die Zitzen nicht erreicht. So stand sie halb in der Hocke da, eine Haltung, die überaus anstrengend war. Helms Mutter strich ihr mitleidig über den Rücken.

»Du armes Tier. Was haben wir dir da aufgebürdet.«

Eines Tages, als Helms Mutter vom Einkaufen zurückkam, erlebte sie eine Überraschung: Die Welpen hatten entdeckt, dass der Karton, der bisher ihr Bett ge-

wesen war, sich wunderbar dazu eignete, die spitzen Zähne daran zu erproben: Der Küchenboden war bedeckt mit Pappeschnitzeln. Helms Mutter blieb recht gefasst. Aber zum ersten Mal kam ihr der Gedanke, dass es wohl Zeit wäre, sich um einen guten Platz für die Hundekinder zu bemühen.

Die Aussteuer für deinen Hund von A bis Z

Adressentäschchen

Damit du deinen Hund zurückbekommst, wenn er einmal entlaufen ist, hängst du ihm ein kleines Täschchen ans Halsband. Darin steht deine Adresse samt Telefonnummer. Stecke dreißig Pfennig dazu, damit der Finder

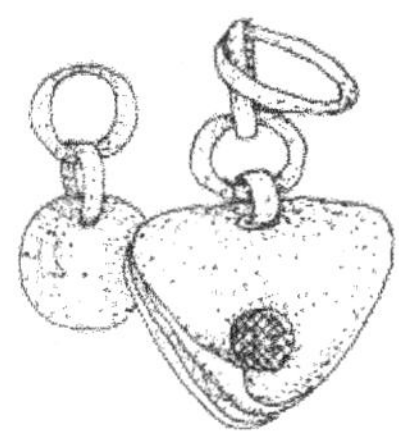

dich anrufen kann. Es gibt dafür auch kleine, runde Metallkapseln. Sie haben den Vorteil, dass sie nicht kaputtgehen und wasserdicht sind.

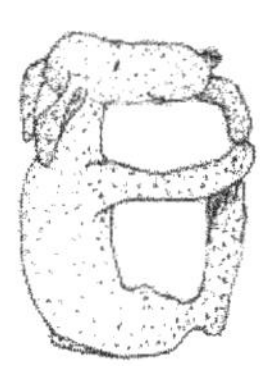

Bürste

Kurzhaarige Hunde bürstet man am besten mit einer Pferdekardätsche und für draht- und stockhaarige Hunde verwendet man einen sogenannten Nadelstriegel aus

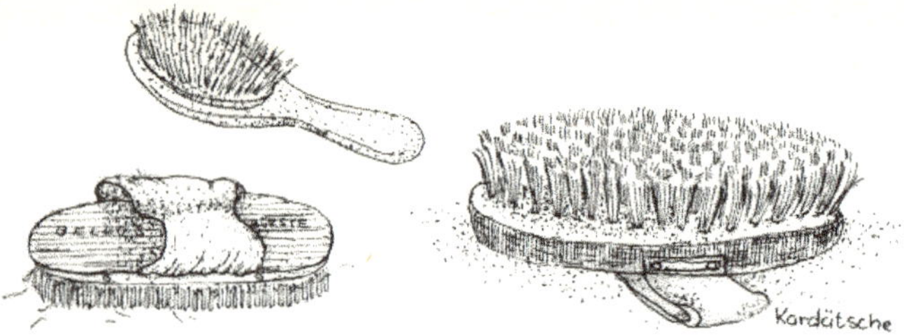

Plastik (beide im Pferdefachgeschäft). Drahtbürsten kommen vor allem für langhaarige Hunde in Frage. Windhunde, z. B. irische Wolfshunde, vertragen sie jedoch nicht gut, da sie meist eine sehr empfindliche Haut haben. Mitunter muss man verschiedene Bürsten ausprobieren, bevor man die richtige gefunden hat.

Fressnapf

Jeder Hund sollte seinen eigenen Napf haben. Es ist auch unappetitlich, den Hund vom Teller oder aus einer Schüssel essen zu lassen, die normalerweise für menschliche Speisen benutzt wird. Sein Futternapf soll nach unten breiter werden und an der Unterkante einen Gummiwulst haben, sodass er sicher steht und nicht in der

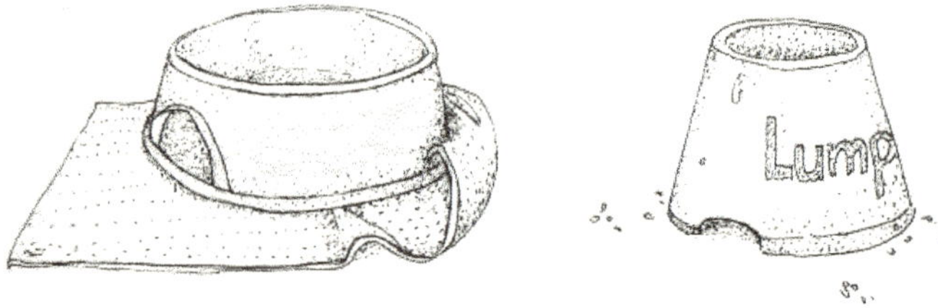

Wohnung herumgeschoben wird. Für langohrige Hunde empfiehlt sich ein Spezialnapf. Bei ihm können die Ohren nicht ins Futter hängen. Ich stelle unseren Hundenapf auf einen größeren Aufwischlappen. So fallen die Speisereste nicht auf den Boden. Der Lappen lässt sich leicht auswaschen und auswechseln. Zu seinem Wassernapf sollte der Hund selbstverständlich immer freien Zugang haben!

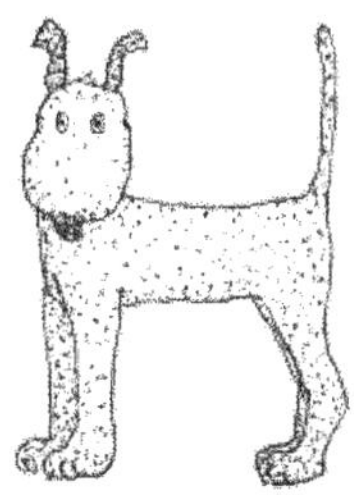

Haarscheren

Es gibt Rassen, die hin und wieder frisiert werden sollten, da ihr Haar sonst stark verfilzt. Besuche im Hundesalon können allerdings die Haltungskosten beträchtlich erhöhen. Hat der Hund, z. B. der Pudel, erst einmal einen Grundschnitt erhalten, so kann man mit etwas Geschick den Friseur hin und wieder sparen, indem man ihn selbst schneidet. Die dazu benötigten Handschermaschinen gibt es in verschiedenen Schnittbreiten. Vor einer Ausstellung jedoch sollte man das dem Fachmann überlassen! Um kleinere Korrekturen anzubringen, nimmt man eine Schere, die vorn stumpf ist. So kann man den Hund nicht verletzen.

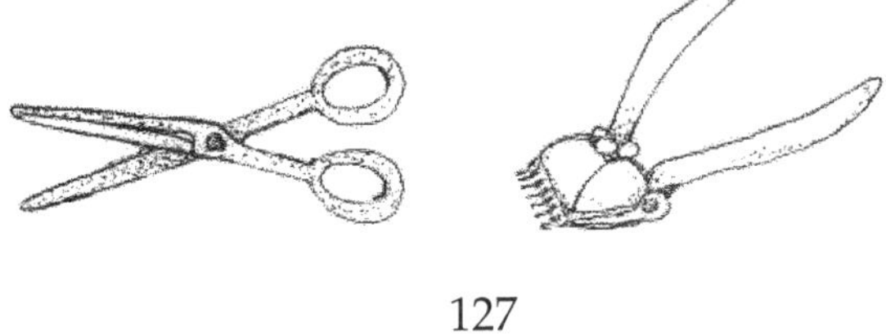

 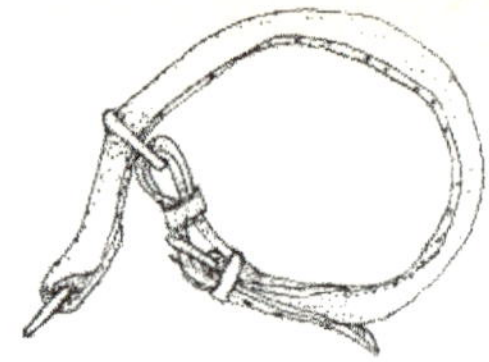

Halsbänder
Es gibt sie in verschiedenen Ausführungen und Preislagen. Am schönsten für das Haar ist ein einfaches Kettenhalsband mit groben länglichen Gliedern. Sie haben den Vorteil, dass man sie auf Zug stellen kann. So hat man einen temperamentvollen Hund besser in der Hand. Ähnlich funktioniert der lederne Flachwürger, der allerdings bei stockhaarigen oder langhaarigen Hunden Scheuerstellen hinterlassen kann. Einige Rassen tragen, zumindest bei Ausstellungen, spezielle Schauhalsbänder. Wofür man sich entscheidet, hängt von Geschmack und Geldbeutel ab. Wichtig ist bei allen, dass sie so eng geschnallt sind, dass der Hund nicht hinausschlüpfen kann. Es ist ein peinlicher Augenblick, wenn man mit Leine und Halsband dasteht, während sich der Hund davonmacht! Das Halsband darf natürlich auch nicht zu eng sitzen und so den Hund behindern.

Hütte
Für Hunde, die einen Teil des Lebens im Freien verbringen, ist eine ordentliche Hütte sehr wichtig. Sie bedeutet Zuhause und Rückzugsmöglichkeit, gibt dem Hund Si-

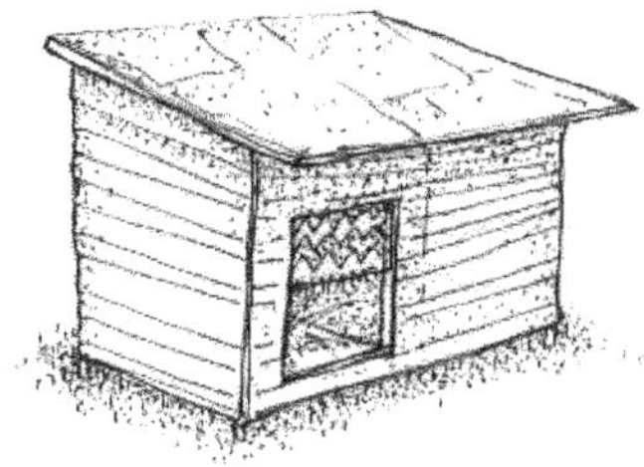

cherheit, Geborgenheit und Schutz. Die Größe der Hundehütte richtet sich nach dem Bewohner. Sie sollte so groß sein, dass der Hund sich bequem darin ausstrecken kann. Ist sie allerdings viel größer als er selbst, so friert er, da er sie mit seiner Körperwärme nicht »heizen« kann. Sie muss absolut wasserdicht und zugfrei sein.

Doppelseitige Wände und Fußboden schützen den Hund vor Hitze und Kälte. Um die Hütte vor Bodenfeuchtigkeit zu schützen, stellt man sie auf stabile Holzbalken. Man polstert sie innen mit Stroh aus, das regelmäßig gewechselt werden muss. Vor die Tür hängt man einen Sack oder ein Stück Teppich. So kann es nicht hineinziehen oder -regnen. Die meisten Hunde sitzen gern auf dem Dach. So haben sie einen besseren Überblick. Daher eignet sich ein Flachdach besser als ein Satteldach. Mit einigen Lagen Dachpappe ist es regensicher isoliert.

Wichtig ist der Standort. Die Hütte muss an der regenabgewandten Seite des Grundstückes stehen und sollte nicht den ganzen Tag starker Sonnenbestrahlung ausgesetzt sein.

Wird der Hund an der Kette gehalten, so muss diese auf jeden Fall zwei Knebel haben, die leicht zu drehen sind. Wenn der Hund überhaupt an der Kette gehalten werden muss, so ist eine Laufkette in jedem Fall das Beste. Steht die Hütte in einem Zwinger, so freut sich der Hund über eine strohgefüllte Holzkiste neben der Hütte. In ihr liegt er tagsüber lieber als auf dem blanken Boden.

Kämme

Zur Pflegeausstattung des Hundes gehören, je nach Haarstruktur, verschiedene Kämme. Für glatthaarige Hunde benützt man einen sehr feinzinkigen Staubkamm. Mit ihm kann man Flöhe ausfindig machen. Metallkämme mit weiteren Zinken benützt man für rau- und stockhaarige Rassen und für Pudel. Rupfmesser mit sehr

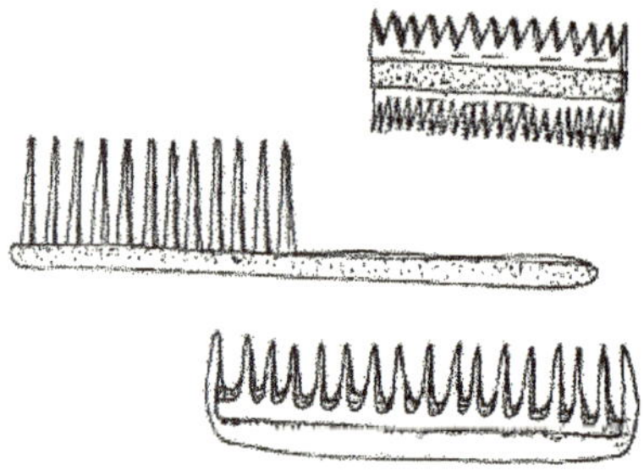

feinen, kurzen Zähnen eignen sich zum Frisieren von rauhaarigen Hunden, z. B. Schnauzern und Terriern. Nicht jeder Hund ist mit jedem Kamm einverstanden. Auch hier muss man ein wenig probieren und sich auf die Bedürfnisse des Tieres einstellen.

Der Korb

Weidenkörbe gibt es in verschiedenen Ausführungen. Der geschlossene Korb mit Einschlupfloch bietet, ähnlich einer Hütte, dämmerige Geborgenheit und wird von vielen Kleinhunden gern angenommen. Ein offener Korb

mit niedrigem Rand hingegen erlaubt ihm einen besseren Überblick über das Geschehen ringsum. Jeder Korb sollte mit einer Schaumstoffmatratze mit waschbarem Überzug ausgestattet sein. So ein Körbchen kann viel Ärger ersparen, weil der Hund nicht dauernd auf die Couch will.

Leinen

Leinen gibt es in verschiedenen Preislagen. Für einen jungen Hund sollte man in jedem Fall erst einmal eine Führkette kaufen. Lederleinen werden zu schnell durchgebissen. Für den Spaziergang in der Stadt darf die Leine nicht zu lang sein. Der Hund könnte sonst Passanten belästigen. Die automatisch abrollenden Leinen eignen sich für manche Hunde recht gut, sind jedoch nicht für jeden Hund geeignet. Für Jagdhunde und die Arbeit auf dem Dressurplatz gibt es Spezialleinen. Man sollte sich hier fachmännisch beraten lassen.

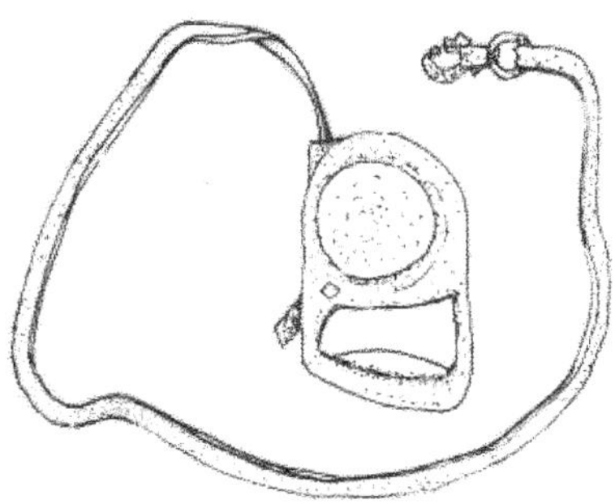

Maulkörbe

Sie sind für Besitzer und Tiere mitunter ein notwendiges Übel. In öffentlichen Verkehrsmitteln oder in Tollwut-Sperrgebieten lässt es sich nicht immer umgehen, dem

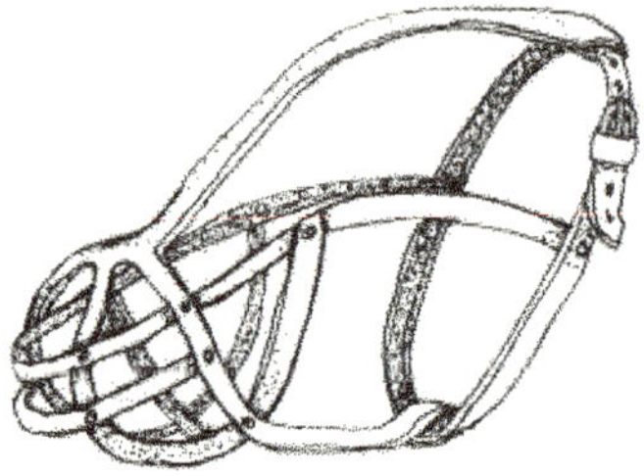

Hund einen Maulkorb anzulegen. Der Maulkorb sollte aus weichem Leder sein und gut passen. Ein scheuernder Maulkorb ist für den Hund eine Qual.

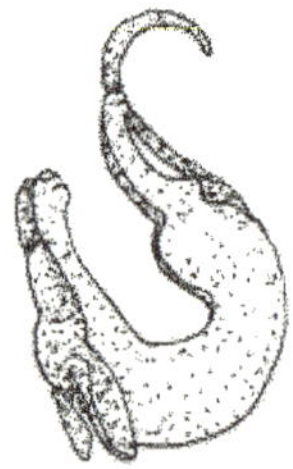

Schlaflager

Hier kommt es ganz darauf an, wo dein Hund schlafen soll. Hütte und Korb habe ich bereits erwähnt. Für einen größeren Haushund nimmt ein Korb meist zu viel Platz weg. Ein alter Teppich, eine zusammengelegte Decke oder eine Seegrasmatratze sind hier geeigneter. Ein abknöpfbarer Überzug lässt sich leicht waschen und hält

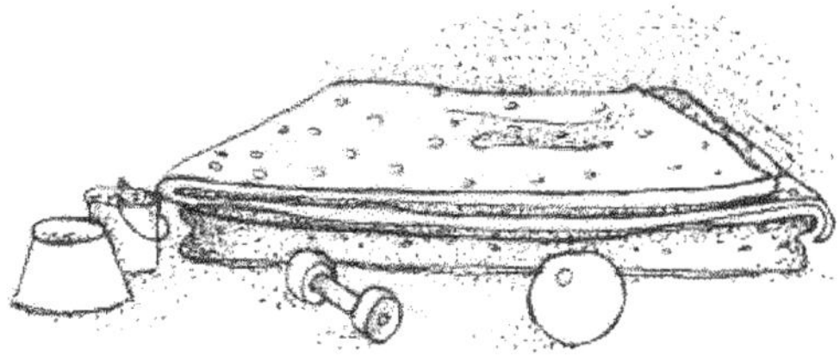

das Lager sauber und geruchsfrei. Jede Unterlage sollte so groß sein, dass der Hund sich bequem auf ihr ausstrecken kann. Nach Möglichkeit lässt man den Hund selbst aussuchen, wo er am liebsten liegt, und breitet die Unterlage dort aus. Das heißt nicht, dass er unbedingt den besten Platz auf der Couch oder im Bett für sich beanspruchen sollte! Auf kaltem Steinfußboden erkältet sich auf die Dauer auch ein langhaariger Hund. Zudem bekommen die meisten Hunde, die viel auf hartem Untergrund liegen, hässliche haarlose Stellen an Ellbogen- und Sprunggelenk. Besonders achten sollte man auf geschorene Hunde: Sie dürfen auf keinen Fall im Kalten liegen. Auch ein abrupter Wechsel vom Platz vor dem warmen Kamin in die kalte Küche ist für sie schädlich. An heißen Sommertagen suchen viele Hunde Kühlung auf kalten Steinfliesen. Dagegen ist nichts einzuwenden.

Schuhe

Hunde haben sehr widerstandsfähige Pfoten, die im Allgemeinen keinen Schutz brauchen. Kommt es aber zu einer Verletzung, so muss man mitunter seinem Vierbeiner einen Schuh anziehen, um die Wunde zu schützen. Schlittenhunde, die während der Rennsaison viel laufen, benötigen mitunter ebenfalls Schuhe (Boots).

Schutzdecken

Sie sind für geschorene Hunde bei schlechter Witterung nicht unbedingt nur ein Luxus. Bei trockenem und kaltem Wetter kann man ihnen einen gestrickten Pullover anziehen. Kleinere Hunde sollten bei nassem Wetter mit

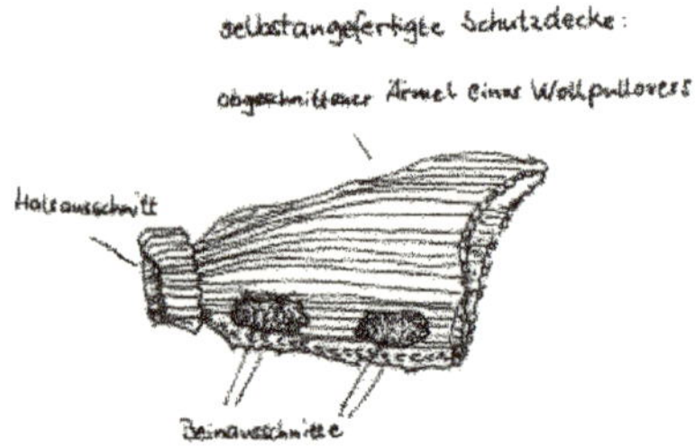

einer Schutzdecke gegen Spritzwasser geschützt werden. Die Brust und der Bauch sind besonders empfindlich. Größere Hunde mit robustem Rau- oder Stockhaar brauchen keinen Schutz. Man rubbelt sie nach einem Regenspaziergang mit einem alten Handtuch ab.

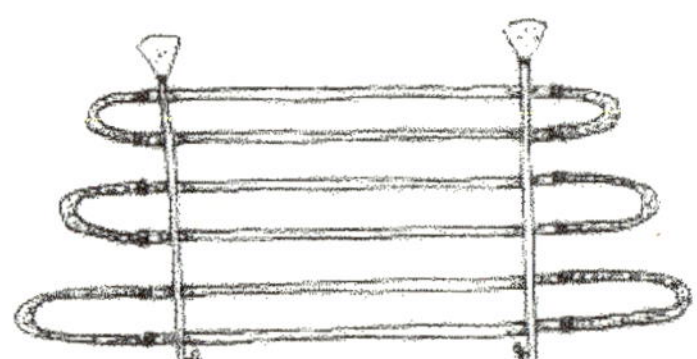

Schutzgitter

Im Auto ist ein Schutzgitter nahezu unentbehrlich. Es verhindert, dass der Hund während der Fahrt nach vorn springt und so den Fahrer belästigt. Zudem schützt es das Tier bei einem Unfall, da es nicht durch die Scheibe geschleudert wird. Voraussetzung ist, dass das Gitter einerseits stabil angebracht ist, andererseits leicht entfernt werden kann, wenn der Platz anderweitig gebraucht wird.

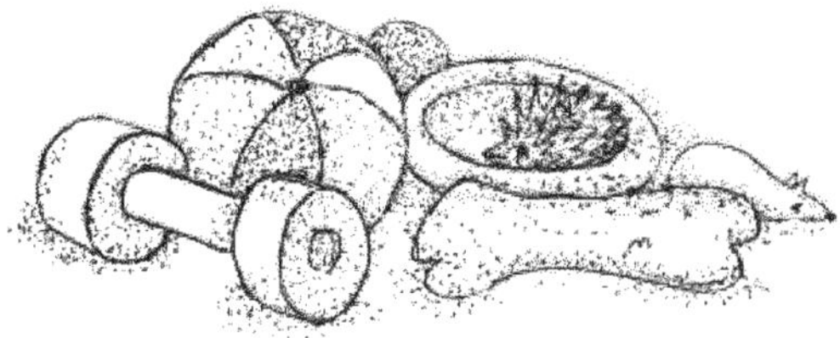

Spielzeug

Es gibt Hunde, die bis ins hohe Alter hinein gern spielen. Man gibt ihnen einen nicht zu kleinen Hartgummiball, den sie nicht verschlucken können, einen alten Schuh oder einen Kauknochen. Für Hunde, die gern apportieren, gibt es besonders geformte Apportierhölzer. Steine sollten nicht apportiert werden. Die Hunde beschädigen sich damit nur die Zähne. Bringt dein Hund einen dicken Ast, den er partout nicht abgeben will, so darfst du diesen nicht aushebeln wollen. Du könntest ihm damit den Unterkiefer ausrenken. Alles Spielzeug muss so groß und stabil sein, dass dein Hund es nicht versehentlich verschlucken kann. Eine Fremdkörperoperation ist keine schöne Sache.

Transportbehälter

Für kleine Hunde gibt es Tragetaschen und Körbe, die sich für die Fahrt zum Tierarzt, zur Ausstellung oder in öffentlichen Verkehrsmitteln gut eignen.

Sie müssen genügend Luftlöcher haben, und über ein kleines Plastikfenster freut sich der Vierbeiner, denn so kann er seine Umgebung betrachten. Transportkisten

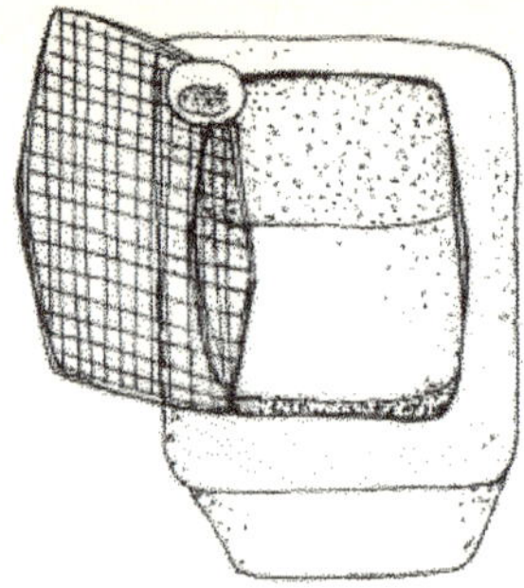

oder -körbe sind notwendig für Hundebesitzer, die viel auf Ausstellungen gehen oder mit dem Flugzeug verreisen.

Zahnbürste

Das klingt lächerlich, ist es aber keineswegs. Mit einer alten Zahnbürste und Schlämmkreide lässt sich Zahnbelag rasch entfernen. So beugt man dem lästigen Zahnstein vor.

Zwinger

Für Züchter und Besitzer von mehreren Hunden ist ein Zwinger unerlässlich. Die Wahl des Standortes ist nicht ganz einfach. Er sollte nicht an der Straße liegen, da die Hunde gern geneckt werden und so ständig kläffen, was selbst dem gutmütigsten Nachbarn an die Nerven geht. Je größer der Zwinger ist, umso besser. Laut Tierschutzgesetz ist die unterste Grenze acht Quadratmeter pro Hund. Der Zwinger sollte möglichst Sonne und Schatten haben. Die Wahl des Untergrundes ist problematisch: Aus Gründen der Hygiene empfehlen viele Fachleute einen Betonboden mit leichtem Gefälle. Die Oberfläche sollte sehr sorgfältig behandelt werden, damit keine Pfützen entstehen. Durch das Gefälle kann der Urin in einer Rinne abfließen. Auch der Kot lässt sich mit einem Spachtel leicht entfernen. Bei Seuchengefahr kann man diesen Boden einfach desinfizieren. Für den Hund selbst ist der harte Untergrund natürlich nicht so angenehm wie gewachsener Boden. Für den Zaun gibt es, je nach Größe des Hundes, stabile Eisengitter mit nach innen gebogenem Rand. Die Gitter sollten auf einen Zementsockel montiert sein, damit sich der Hund nicht darunter hindurchgraben kann. Es soll auch Rüden geben, die sich zu ihrer Geliebten hineingraben.

Die Zwingertür sollte nach innen aufgehen. So kann sie der Hund nicht öffnen. Über die Hütte und eine Liegekiste weißt du schon Bescheid. Bei der Anlage eines größeren Zwingers sollte man die Elektrizität nicht vergessen. Man braucht nicht nur Licht, sondern unter Umständen eine Heizung oder, im Idealfall, sogar eine kleine Küche.

Dackelausflug

»Mit den vier kleinen Dackeln wollt ihr in den Englischen Garten? Ihr seid wohl nicht ganz bei Trost!«, protestierte Helms Mutter, als sie von der Unternehmung erfuhr. »Bis ihr dort seid, sind mindestens zwei überfahren!«

»Das ist kein Problem«, meinte Anne. »Ich setze sie in meinen Fahrradkorb, und Helm nimmt Zita an die Leine.«

»Wenn das mal gut geht!« Die Mutter schüttelte den Kopf. Aber die beiden waren von ihrer Idee so begeistert, dass sie alle Warnungen in den Wind schlugen. Anne polsterte ihren Fahrradkorb, der mit zwei Bügeln vorn an der Lenkstange hing, mit einem Frotteetuch aus.

»Damit sie es weicher haben«, erklärte sie. Dann wurden die Dackel hineingesetzt.

»Macht euch nicht so dick, sonst habt ihr nicht alle Platz«, lachte sie.

»Nein, sehen die süß aus«, begeisterte sich nun auch die Mutter. »Das muss ich unbedingt knipsen.« Sie sauste ins Haus und holte ihren Fotoapparat.

»Ach, wisst ihr was? Ich lasse alles liegen und gehe mit. Man muss die schönen Dinge des Lebens genießen.«

»Was heißt hier gehen?«, protestierte Helm. »Wir wollen fahren!«

»Radeln wollt ihr? Das klappt nie!«

»Wetten?« Annes Augen blitzten unternehmungslustig, während sie vorsichtshalber ihre Hand über den Hundekorb hielt. Die Kleinen drängelten und schubsten sich, um einen guten Platz zu ergattern.

»Und wenn eins rausfällt?«, machte Helms Mutter noch einen Einwand.

»Sobald wir fahren, werden sie Ruhe geben«, wischte Anne alle Bedenken vom Tisch. »Los.« Beim Aufsteigen schwankte das Rad zwar gefährlich hin und her, aber dann ging es ganz gut. Die Dackel hatten ihre Vorderpfoten auf den Rand des Korbes gelegt und streckten die Nasen dem Fahrtwind entgegen.

»Hoffentlich bleiben sie brav sitzen«, dachte Anne bei sich, denn ganz so sicher, wie sie nach außen hin getan hatte, war sie nicht. Helms Mutter war von dem Anblick ganz hingerissen. »So was Niedliches. Ich fahr voraus und knips dich. Sonst glaubt uns später keiner, dass man mit vier Dackeln radeln kann.«

Natürlich kam es, wie es kommen musste. Lag es an der Straße, die an manchen Stellen Schlaglöcher hatte, oder hatte Anne für eine Sekunde nicht aufgepasst? Das Rad schwankte, und als Anne mit dem Vorderrad dieses Schwanken ausgleichen wollte und dadurch an die Bordsteinkante stieß, war nichts mehr zu machen. Mit hässlichem Scheppern und begleitet von Hundequietschen, stürzte sie. Helm und seine Mutter waren sofort zur Stelle. Anne gab keinen Schmerzenslaut von sich, sondern zischte nur wütend:

»Muss das schon wieder sein!« Dann biss sie die Zähne aufeinander. Geistesgegenwärtig hatte sie sich so fallen lassen, dass die kleinen Dackel auf sie fielen.

»Ist ihnen was passiert?«, fragte sie, indem sie sich mühsam aufrappelte.

»Nein, den Hunden nicht. Aber dir«, stellte Helm sachlich fest.

»Das geht vorbei.« Anne humpelte mühsam ein paar Schritte. Seine Mutter packte sie sanft am Arm.

»Jetzt sei nicht so heldenhaft, sondern setz dich erst mal hin. Sonst kippst du noch um!«

Gehorsam setzte sich Anne an den Straßenrand. Während sie auf Anraten von Helms Mutter kräftig durchatmete, bewegte sie vorsichtig den linken Arm.

»Gebrochen ist nichts«, stellte sie befriedigt fest. Handgelenk und Ellbogen bluteten. Helms Mutter hatte ein Taschentuch hervorgekramt und wischte damit das Blut rings um die Wunde ab. Besorgt betrachtete sie Annes blasses Gesicht. Der Schock war größer gewesen, als das Mädchen es in ihrer Tapferkeit hatte zugeben wollen. Um sie abzulenken, setzte sie ihr ein Dackelkind auf den Schoß.

»Geh zu deiner Vizemama und tröste sie.« Anne hatte alle Hände voll zu tun, um das Tierchen, das zu seinen Geschwistern strebte, festzuhalten.

»Du kleine Hexe. Bleib mal bei mir«, schmeichelte Anne zärtlich. Helms Mutter stellte befriedigt fest, dass Annes Gesicht langsam wieder Farbe bekam.

»Nun kann's weitergehen«, meinte Anne, stand auf und humpelte zu ihrem Rad.

»Im Fahrradreparieren bekomme ich schon langsam Übung«, grinste Helm. Genau wie bei ihrem ersten Treffen hatte er den Lenker wieder gerade gestellt.

»Willst du wirklich noch in den Englischen Garten?« Helms Mutter sah Anne zweifelnd an.

»Klar. Wegen ein paar Schrammen … Nach einem Sturz muss man weitermachen. So vergehen die Schmerzen am schnellsten.«

»Hast wohl Erfahrungen«, stichelte Helm. Anne streckte ihm die Zunge heraus.

Hundehandel

Der Englische Garten ist bei schönem Wetter das Ziel vieler erholungsbedürftiger Münchner. Bekannt ist auch, dass die Bevölkerung dieser Stadt besonders hundefreundlich ist. So waren die Dackelkinder bald umringt von entzückten Passanten. Jeder wollte »so a liabs Dackerl« halt gar zu gern einmal in den Arm nehmen. Anfangs waren Helm und Anne natürlich stolz über diese Begeisterung. Als jedoch das Gedränge immer größer wurde und sie vor lauter Menschen ihre Hunde nicht mehr sehen konnten, wurde es Anne unheimlich.

»Wo ist meine Hexe?«, jammerte sie. »Wenn die nun jemand gestohlen hat!«

»Bitte geben Sie mir den Hund wieder. Wir müssen heim.« Helms Mutter wandte sich an einen älteren Herrn, der eines der Dackelkinder auf dem Arm hielt. Statt des Hundes streckte er ihr einen Hundertmarkschein entgegen.

»Der ist gekauft. Ich nehme ihn gleich mit. Das wird eine Geburtstagsüberraschung für meine Tochter. Eigentlich sollt's ja ein Hamster sein. Aber ob Hamster oder Dackel, das ist gleich.«

»Geben Sie sofort den Hund zurück.« Ihre Stimme wurde scharf. »So ein Hund ist kein Spielzeug. Und überhaupt, ich kenne Sie gar nicht. Ich möchte schon wissen, wo meine Hunde hinkommen.« Damit entriss sie dem Verdutzten den Hund.

»Da, Mutter, hier ist der zweite.« Helm war vom Jagdfieber gepackt. Nach einer Weile kam Anne und hielt ein entschlossen dreinblickendes, etwa neun Jahre altes Mädchen an der Hand. Die drückte einen Welpen fest an sich.

»Was machen wir nun«, jammerte Anne. »Sie will den Kleinen nicht hergeben.« Bei Annes Worten drückte die Kleine den Hund noch fester an sich und nickte.

»Ist deine Mutter auch hier?«, fragte Anne, um Zeit zu gewinnen.

»Ja, dort drüben steht sie. Aber sie erlaubt es doch nicht. Immer, wenn ich was mitbringe, eine Katze oder einen Frosch, dann schimpft sie. Aber ich brauch ein Tier. Ich würde es auch füttern, immer! Ganz bestimmt! Und mit ihm spazieren gehen. Ich bin groß genug, um einen Hund zu haben.«

Wie gut konnte Anne die Kleine verstehen! Genau wie dieses kleine Mädchen hatte sie sich einen Hund gewünscht, tat es immer noch. Und dennoch musste sie ihr den Hund wegnehmen.

»Weißt du was? Wir fragen deine Mutter, ob ihr uns ein Stück begleitet. Dann darfst du den Hund tragen.«

»Aber ich will ihn haben. Immer! Er soll nachts in meinem Zimmer schlafen. Dann brauche ich mich im Dunkeln nicht zu fürchten.«

Schließlich hatte Helm den letzten Dackel gefunden. »Die Leute waren sehr nett. Sie suchen einen Nachfolger für ihren vierzehnjährigen Rüden.«

»Jetzt aber nichts wie weg«, drängelte seine Mutter. »Sonst fehlt gleich wieder einer.«

»Und wer hat neulich gesagt, die Hunde müssten dringend aus dem Haus?«, stichelte er.

»Das schon. Aber deshalb geben wir sie nicht an jeden her. Hunde verkauft man doch nie wie …« Sie überlegte: »Wie der Bäcker seine Semmeln verkauft.«

Inzwischen hatte Anne das Mädchen an der Hand genommen und war zur Mutter der Kleinen hinübergehumpelt.

»Sie begleiten uns doch sicherlich gern ein Stückchen? Ihre Tochter kann sich von dem Hund gar nicht trennen«, lächelte sie in ihrer gewinnenden Art. Eigentlich steckte ihr ein dicker Kloß im Hals. Aber für diese kleine Hundenärrin musste etwas getan werden.

»Hast du schon wieder so a Viecherl? Du weißt doch, dass ich oft verreisen muss. Und die Oma kann Tiere im Haus nicht brauchen.« Sie wandte sich an Anne. »Es geht wirklich nicht.«

Anne hörte ehrliches Bedauern in der Stimme. »Aber wenn's sein muss, dann gehen wir halt ein Stückchen mit.«

»Fein«, strahlte Anne, »ich glaube, es muss sein.«

So zog die kleine Karawane in Richtung Heimat. Das Mädchen hielt den zappelnden Dackel fest an sich gepresst, als die Mutter meinte, jetzt müssten sie abbiegen. Anne kam sich vor wie ein Verräter.

»Gib mir die Hexe. Schau, sie möchte zu ihren Geschwistern«, schmeichelte sie. Die Kleine schüttelte stumm und entschlossen den Kopf. »Sie will bei mir bleiben.«

»Gib sofort den Hund her!« Die Stimme der Mutter war laut, streng und ein bisschen verzweifelt.

»Nein.« Anne war erstaunt über den Trotz und die Entschlossenheit, die sie in den Augen des Kindes sah. Hier half kein Schmeicheln und keine falschen Versprechungen. Anne überlegte.

»Darf ich fragen, wo Sie wohnen?«, unterbrach Helm schließlich das Schweigen, indem er sich an die Mutter der Kleinen wandte.

Sie nannte ihm eine Adresse.

»So einen Zufall gibt es sonst nur in in Büchern«, freute sich Helm. »Wir wohnen nur eine viertel Stunde zu Fuß voneinander entfernt. Ich mache Ihnen einen Vorschlag: Wenn Ihre Tochter mir den Hund gibt, dann darf sie ihn am Sonntag bei mir besuchen. Sie hat dann sozusagen einen Sonntagshund. Na, wie findest du das?«, wandte er sich anschließend an die Kleine. »Gut«, willigte das Mädchen nach kurzem Zögern ein. »Um acht bin ich da.«

»Nina, das geht doch nicht. Um acht schlafen die meisten Leute sonntags noch. Oder frühstücken.« Nina überlegte.

»Dann komm ich um zwei nach dem Mittagessen und bleib bis abends.« Sie übergab Anne den Hund, reichte allen reihum die Hand. »Auf Wiedersehen bis Sonntag.« Helms Gegengruß klang recht zögernd.

»Was hätte ich denn machen sollen? Freiwillig hätte sie den Hund nie hergegeben.«

»Vielleicht kommt sie nicht«, versuchte Anne ihn zu trösten. »Die kommt bestimmt!« Helms Stimme war voll düsterer Ahnungen. »Einen Dickschädel aus Eisen hat die Kleine. Da hab ich mir ja was Schönes eingebrockt«, stöhnte Helm nach kurzem Schweigen.

»Zurück kannst du nicht mehr. Was man versprochen hat, das muss man auch halten«, ermahnte die Mutter.

»Das werd ich schon. Na, vielleicht verliert sie mit der Zeit die Lust.«

»Ich finde die Kleine einfach toll. Die erreicht, was sie will«, meinte Anne wehmütig.

Der Ausflug in den Englischen Garten hatte unerwartete Wirkung.

Bereits am nächsten Tag kam ein Ehepaar, dem Helm seine Adresse gegeben hatte. Beide nahmen sich Zeit, die Jungen beim Spielen zu beobachten. Mit sicherem Griff suchten sie sich dann den stärksten der vier Geschwister aus.

»Du heißt Idefix«, meinte der Mann und nahm den zeternden Kleinen auf den Arm. »Dein großer Bruder heißt nämlich Asterix.«

Die beiden schienen ein Glücksfall zu sein: Auf Papiere legten sie keinen Wert. Schon immer hatten sie Dackel gehabt. Sie besaßen ein großes, fest eingezäuntes Gartengrundstück hinterm Haus und nahmen Idefix gleich mit.

Kurze Zeit später riefen deren Nachbarn an. Auch sie wollten einen Dackelrüden haben. Als Helm zögerte und meinte, er kenne sie gar nicht, lachte die Dame am anderen Ende der Leitung: »Wir sind keine Hundehändler und verkaufen auch keine Tiere zu Versuchszwecken. Aber wenn Sie mir nicht trauen, dann erkundigen Sie sich bei dem Besitzer von Idefix.«

Traurig, aber gleichzeitig auch erleichtert, winkten die drei dem Auto nach, das den zweiten Dackel entführte.

»Zehn kleine Negerlein«, summte Helm, als sie ins Haus zurückgingen, »… dann waren's nur noch zwei.«

»Und die beiden behalten wir. Schaut nur, wie verstört sie rumsitzen. Die auch noch zu trennen würde mir das Herz brechen!«

»Oh, Mutter, wirklich?« Helm fiel ihr stürmisch um den Hals.

»Bestimmt machen zwei Hunde weniger Arbeit als einer«, versicherte Anne.

»Das glaube ich nicht. Schuhe zernagen können zwei Dackel jedenfalls schneller als einer. Sieh mal deine Sandalen an. Von wegen verstört! Ein schlechtes Gewissen haben sie, die Schlingel!«

»Die schenke ich euch zum Spielen«, meinte Anne großzügig, nachdem sie den Schaden besehen hatte. Die Schuhe waren selbst für Anne, die auf Kleidung keinen besonderen Wert legte, unbrauchbar.

Helms Mutter lachte, und dann sagte sie: »Heute Nachmittag werde ich Zita samt einer großen Pralinenschachtel beim Frauchen abliefern. Die Jungen brauchen sie nun nicht mehr, gell? Du Arme, ganz eingelebt hast du dich bei uns nicht.« Sie streichelte den Hund. Bei dem Wort »Frauchen« hatte Zita plötzlich die Ohren gespitzt und war erwartungsvoll zur Tür gelaufen.

»Bald kommst du heim«, tröstete Anne. »Aber statt Pralinen würde ich lieber einen dicken Blumenstrauß kaufen. Die Pralinen bekommt sonst nur der Hund«, fügte sie ein wenig altklug hinzu.

Bald nachdem Zita zu Hause abgeliefert war, rief der Pudel-Knopp, wie Helm ihn nannte, an. Die Jungen müssten abgesetzt werden. Als Entgelt für die Aufzucht wolle er einen behalten. Für die beiden anderen habe er einen guten Platz gefunden.

»Da haben wir Glück gehabt«, seufzte Helms Mutter erleichtert.

Hundekauf

Der große Familienrat hat getagt und ihr seid euch nach langen Diskussionen einig geworden, welche Eigenschaft euer Hund haben soll. Ihr könnt beispielsweise nur einen mittelgroßen Hund unterbringen, der ein kurzes Fell hat, kinderlieb ist und wenig bellt. Welche Rasse verkörpert nun diese Eigenschaften? Seid ihr euch nicht sicher, so lasst euch vom Fachmann beraten. Der HDV (= Verband für das Deutsche Hundewesen) steht gern mit Rat und Tat zur Seite. Ihr könnt dort einem Sachverständigen den Steckbrief eures Traumhundes geben. Er wird überlegen, welche Hunderasse in Frage kommt. Der sicherste, wenn auch nicht der einfachste Weg ist vielleicht der: Ihr lasst euch vom Verband einige Rassen

nennen, die in Frage kommen. Dann fahrt ihr auf eine Hundeausstellung und schaut euch diese Rassen an. Habt ihr euch für eine Rasse entschieden, so sprecht mit dem Zwingerbesitzer.

Fragt den Züchter nach den Bedürfnissen und Eigenarten der Rasse. Einen Rassehund sollte man immer beim Züchter kaufen! Vielleicht erwartet er in den nächsten

Wochen Nachwuchs. Nach Möglichkeit besucht ihr den Wurf mehrmals und beobachtet so die Entwicklung der Jungtiere: Welcher ist der stabilste und munterste aus dem Wurf? Schaut euch den Zuchtbetrieb genau an: Dürfen die Tiere ins Haus, oder sind sie nur in einem engen Zwinger untergebracht? Begrüßt die Hündin ihr Herrchen freudig, oder kriecht sie ihm ängstlich auf dem

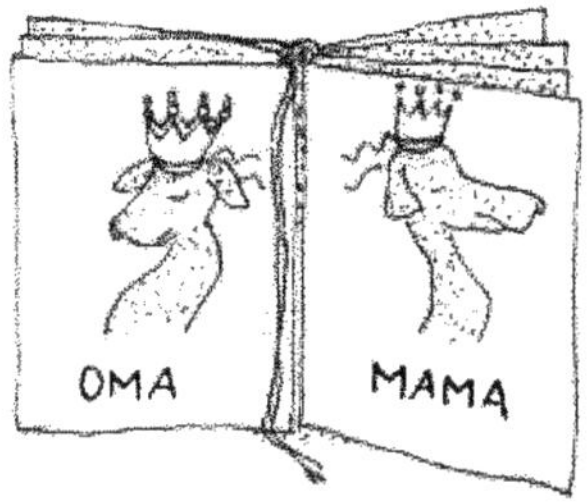

Bauch entgegen? Ist alles sauber und gepflegt? Ist euch der Zwingerbesitzer sympathisch oder möchte er euch in jedem Fall einen Hund aufschwatzen? Natürlich ist jeder Verkäufer von seinem Produkt überzeugt. Seid ihr es aber aus irgendeinem Grund nicht, so verlasst euch auf euer Gefühl. Lasst euch nicht zum Kauf drängen, sondern wartet lieber ab und schaut euch zusätzlich einen anderen Zwinger an. Einen überstürzten Kauf hat schon mancher bereut. Lasst euch Ahnentafel und Impfbüchlein zeigen. Im Alter von etwa 7 bis 9 Wochen sollte jeder Welpe eine Kombinationsimpfung gegen Staupe, Hepatitis und Leptospirose bekommen. Diese Impfung ist unbedingt notwendig, um den Hund gegen gefährliche Infektionskrankheiten zu schützen. Den weiteren Impfplan empfiehlt euch euer Tierarzt. Lasst euch nicht weismachen, die Kleinen seien ja so gesund und hätten ausreichend Schutz durch die Muttermilch! Von einem Züchter, der die Impfkosten sparen will, solltet ihr keinen Hund kaufen. Jede Impfung wird erst nach ein paar Wochen voll wirksam. Vermeidet also am Anfang die Begegnung mit anderen Hunden. Gewissenlose Züchter möchten euch den Welpen möglichst früh geben. Sie hoffen, dass sich dadurch ihre anderen Jungtiere besser entwickeln. Jeder Welpe sollte mindestens zehn Wochen bei den Geschwistern bleiben, Spätentwickler sogar länger. Sie brauchen ausreichend Zeit, um miteinander zu spie-

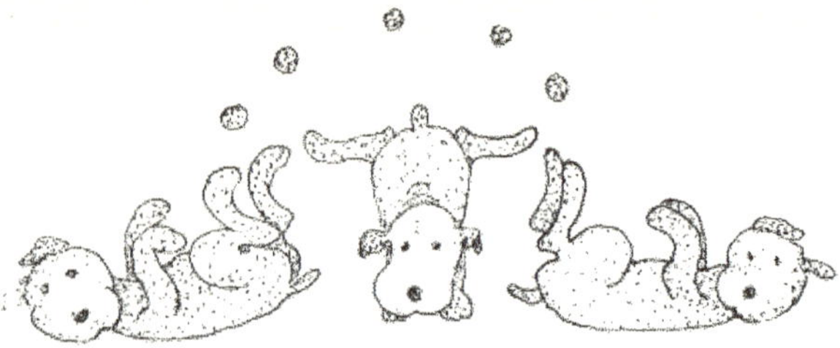

len. Nur so wird aus ihnen, genau wie bei den Menschen, ein vernünftiger Erwachsener.

Trotz all eurer noch so guten Planung kann es passieren, dass ihr euren Traumhund nicht bekommt. Auch der beste Züchter wird nicht garantieren können, dass der teure Welpe, den du in der Hand hast, einmal ein Superhund wird!

Beim Tierhändler oder im Zoogeschäft solltet ihr nicht kaufen. Ein gewissenhafter Züchter wird seine Jungtiere nicht an solche Geschäfte abgeben. Meist sind dies Tiere, die in Massenzuchten erzeugt und dann billig auf den Markt gegeben werden. Der ständige Wechsel in diesen Läden fördert zudem Infektionskrankheiten. So nehmt ihr vielleicht einen Hund mit nach Hause, der bereits Krankheitskeime in sich trägt. Ein Junghund, der vor sich hin kümmert, viele Tierarztbehandlungen braucht und trotzdem anfällig sein wird, ist letztlich teurer als ein gesunder Hund aus einem gut geführten Zwinger.

Ist der Familienrat zu dem Entschluss gekommen, dass euer Hund nicht unbedingt von altem Adel sein muss, so lohnt sich ein Besuch im Tierheim. Dort warten viele herrenlose Hunde auf ein neues Zuhause. Man findet Mischlinge in allen Größen. Mitunter ist sogar ein Rassehund dabei. Der Gedanke, solch einem Heimkind ein gutes Zuhause zu bieten, ist für jeden echten Tierfreund ein bestechender Gedanke. Dazu kommt, dass diese Hunde meist billig abgegeben werden. Ganz problemlos ist dies jedoch nicht. Meist sind die Hunde schon älter und haben böse Erlebnisse hinter sich. Dadurch sind viele dieser Tiere misstrauisch, ängstlich oder bindungsunfähig geworden. Für solch einen, von seiner Umwelt verdorbenen Hund muss man sehr viel mehr Geduld und Einfühlungsvermögen aufbringen als für einen jungen Welpen. Habt ihr euch für einen Hund aus dem Tierheim entschieden, so werdet ihr selbst dort auf »Herz und Nieren« geprüft. Das ist gut und richtig. Man will sichergehen, dass es der Hund diesmal auch wirklich gut hat. Er soll nach all den schrecklichen Erlebnissen endlich ein anständiges Zuhause bekommen, in dem er geliebt und artgerecht gehalten wird. Ein Mitarbeiter des Tierheimes wird euch hin und wieder unangemeldet besuchen und kontrollieren. Man will nur sichergehen, dass die abgegebenen Hunde nicht zu Tierversuchen weiterverkauft werden. Trotz dieser möglichen Probleme möchte ich jeden echten Tierfreund zu dem Schritt ermutigen, einen Hund aus dem Tierheim zu sich zu nehmen.

Mischlingswelpen werden mitunter in der Zeitung angeboten. Vielleicht haben auch Freunde oder Bekannte eine Hündin, die trotz aller Vorsichtsmaßnahmen trächtig geworden ist und Junge bekommen hat. Bei so einem Fehltritt sind meist Vater und Mutter bekannt. So hat man einen kleinen Anhaltspunkt, welche Eigenschaften der Welpe einmal haben könnte. Ich sage ausdrücklich haben »könnte«, denn vor Überraschungen ist man nie sicher. Mit etwa zehn Wochen kann man schon recht gut erkennen, wie groß der Hund zu werden verspricht. Sind die Pfoten klein und zierlich, so wird er sicherlich kein Bernhardiner.

Zeitprobleme

Anne gab sich einen Stoß und griff zum Hörer. Sie musste Frau Schmelcher anrufen und ihr sagen, dass sie in nächster Zeit wohl nicht mehr kommen können würde. Die Geschichtsarbeit heute Morgen hatte sie bestimmt verhauen. Sie hatte einfach keine Zeit zum Lernen gehabt. Und übermorgen kam Englisch dran! Hermann kreischte selig auf ihrer Schulter.

»Ja, mein Guter, für dich bleibt auch keine Zeit mehr.« Sie war sehr schuldbewusst, während sie Schmelchers Nummer wählte.

»Ja, das ist aber nett, dass du anrufst!« Die Stimme am anderen Ende der Leitung klang begeistert. »Was wird sich der Wastel freuen. Er läuft immer wieder zur Tür und wartet auf dich.« Anne sah im Geist die Dame im Rollstuhl, sah den dicken, keuchenden Wastel vor sich. Beide kamen nur an die frische Luft, wenn sie, Anne, sich darum kümmerte.

»Ja, ich wollte«, stotterte sie und gab sich dann einen Stoß: »Ich wollte sagen, dass ich heute Nachmittag komme. Allerdings habe ich nicht viel Zeit. Bis später.« Sie legte auf.

»Was soll ich denn machen? Ich kann die beiden doch nicht im Stich lassen!« Anne war ziemlich verzweifelt. Was hatte sie sich da eingebrockt!

»Weißt du was, Hermann, ich nehme zum Spazierengehen heute mein Vokabelheft mit. Frau Schmelcher soll mich abfragen.«

Ganz so einfach war es mit dem Abfragen doch nicht gewesen. Wastel musste Pausen machen, in denen er getröstet werden wollte. Frau Schmelcher wollte unbedingt von ihrer Nachbarin erzählen. Und Anne konnte sich in dem Straßengewühl nicht recht konzentrieren.

Kaum war sie nach Hause gekommen, da schellte das Telefon. »Du, Anne, ich hab heute Halsbänder für die beiden gekauft. Für Hexe ein rotes und für die andere ein grünes«, erzählte Helm. »Was glaubst du, wie stolz sie darauf sind! Richtig getauft sind sie auch noch nicht. Mutter meint, wir sollten das bald machen. Vielleicht heute Abend? Hättest du Lust? Bevor sie nicht getauft sind, können wir ihre Namen nicht in die Halsbänder gravieren lassen. Und das ist wichtig, wenn sie mal ausbüxen.« Als Anne schwieg, fragte Helm enttäuscht: »Hast du etwa keine Lust? Mutter hat schon Sekt gekauft und was zum Knabbern. Aber wenn du nicht willst …«

»Natürlich hab ich Lust. Darum geht es nicht. Aber ich müsste was für die Schule machen.«

»Doch nicht gerade heute, an einem so wichtigen Tag! Und überhaupt: Du mit deinem Superzeugnis. Bist ein richtiger Streber. Was soll ich dann sagen mit meinen Noten!« Er lachte so, dass Anne sein schiefes Gesicht vor sich sehen konnte.

»Okay, ich komme. Wann?« Dann musste sie die Vokabeln halt im Bett lernen.

Anne lag im Bett. Aber von Vokabelnlernen war keine Rede. Sie machte nicht einmal den heuchlerischen Versuch.

Sie lag nur da und war glücklich. Wenn sie an die vergangenen Stunden dachte, dann schwappte es wie eine heiße Welle über ihren Körper. Sie hatte einen Hund! Helm hatte ihr Hexe geschenkt. Endlich, endlich hatte sie einen eigenen Hund! Ganz feierlich hatten sie es gemacht. Mit Schenkungsurkunde, auf der alles genau stand: Alter, Geschlecht, Name des Hundes. Dazu ein allerliebstes Photo von Hexe, wie sie mit ihren großen Knopfaugen aus dem Körbchen schaute. Diese Urkunde hing nun, fein gerahmt hinter Glas, über ihrem Bett. Dass ihre grenzenlose Seligkeit nicht nur mit dem Hund, sondern auch mit Helm selbst etwas zu tun

haben könnte, das wollte Anne nicht wahrhaben. Auch wenn sie bei dem Gedanken an Helm Herzklopfen bekam. Nein, nein! Es war nur der Gedanke an den Hund, der sie erregte. Sonst nichts!

An Schlaf war nicht zu denken. Sie hatte einen eigenen Hund! Mit ihm konnte man herumtollen, spazieren gehen, ihn bürsten, mit ihm schmusen, ihn erziehen. Was würde die Großmutter dazu sagen? Anne kroch, putzmunter, wie sie war, aus dem Bett, setzte sich an den Schreibtisch und schrieb einen langen Brief an sie. Von Helm erzählte sie auch. Aber nur das Notwendigste.

Unangenehme Dinge vor sich herzuschieben war nicht Annes Art. Deshalb erzählte sie der Mutter eines Abends klipp und klar, dass sie die beiden letzten Klassenarbeiten verhauen habe. Die Mutter hörte nachdenklich zu. Als Anne mit ihrem Bericht fertig war, fragte sie ruhig und sachlich, ohne den geringsten Vorwurf in der Stimme: »Und was hast du nun vor? Wie willst du weitermachen?«

Anne hob die Schultern. »Wenn ich das wüsste. Es ist nicht so, dass ich nichts tun will für die Schule. Nur«, sie überlegte, »ich hab zu wenig Zeit dafür übrig. Andererseits bin ich nicht bereit, all meine Zeit nur für die Schule einzusetzen. Es gibt auch außerhalb der Schule Dinge, die für mich einfach wichtig sind.«

»Das kann ich gut verstehen. Auch ich habe außer meiner Arbeit noch einige Interessen. Aber meine Arbeit ist und muss das Wichtigste bleiben. Ich sage das ohne erhobenen Zeigefinger. Vielleicht kannst du dir einen Zeitplan aufstellen. In dem legst du fest, wann du was machen willst und musst. Immer wirst du ihn sicherlich nicht einhalten können. Aber als Gerüst sozusagen kann er dir sehr nützlich sein.«

Anne hätte ihre Mutter umarmen können. Kein Wort der Kritik wegen der schlechten Arbeiten. Dafür Verständnis! Sie strahlte: »Mom, du bist die Beste! Wart mal, ich schreib's gleich auf: Zwei Stunden Hausaufgaben, eineinhalb Stunden Frau Schmelcher, eineinhalb Stunden Hexe.«

Sie rechnete laut, mit den Fingern zählend.

»Von zwei bis vier Schularbeiten, von vier bis halb sechs Wastel, von halb sechs bis sieben Hexe.«

»So geht es nicht«, meinte Mutter. »Jetzt ist es tagsüber lange hell. Da macht es nichts, wenn du später heimkommst. Aber im Winter, wenn es dunkel ist, lasse ich dich nicht so spät auf die Straße.«

»Dann habe ich eben einen Sommer- und einen Winterplan. Im Sommer zuerst Schularbeiten und dann die Hunde und im Winter erst die Hunde und dann Schularbeiten.«

Hundeschule

»Komm, Hexe, lauf schön«, lockte Anne. Der Dackel saß mit trotzigem Gesicht da und rührte sich nicht. Als Anne leicht an der Leine zupfte, stemmte er seine dicken Pfoten nur noch fester auf den Rasen. Anne zupfte kräftiger. Hexe schnappte nach der Leine, biss hinein und schüttelte dabei laut knurrend den Kopf.

»Nun komm schon. An der Leine zu gehen hat noch jeder gelernt.« Sie machte einen Schritt rückwärts und schleifte den widerstrebenden Hund hinter sich her. Zuerst stemmte er sich gegen den Zug. Doch als Anne nicht nachließ, machte Hexe einen Satz nach vorn. Der Druck am Halsband ließ nach.

»Brav, Hexe, brav«, lobte Anne die Kleine. Sofort warf sich der Hund auf den Rücken und ließ sich schwanzwedelnd streicheln. »Komm, wir gehen«, lockte Anne und zupfte erneut an der Leine.

Hexe setzte sich wieder hin, schüttelte den Kopf und machte dann doch einen zögernden Schritt vorwärts. »Brav, meine Gute, wie schnell du lernst«, lobte Anne überschwänglich. »Bald hast du verstanden, was ich von dir will.« Stolz über das Lob, wollte Hexe lossausen. Um einen scharfen Ruck am Halsband zu verhindern, lief Anne ein paar Schritte hinter dem Hund her und nahm die Leine kürzer. Hexe setzte sich verdutzt aufs Hinterteil. Es dauerte etwa eine halbe Stunde, bis

der Hund begriffen hatte, was Anne von ihm wollte. Dann lief er brav nebenher. Dabei hielt Hexe den Kopf hin und wieder ein wenig schief und schaute Anne an, als wollte sie fragen: »Mach ich es auch recht so?«

Kaum waren sie wieder bei Helm im Garten angelangt, löste Anne die Leine vom Halsband. Sofort stürzte sich Hexe auf Biene, ihre Schwester, und begann mit ihr zu raufen. In wildem Galopp sausten sie ums Haus. »Wie langweilig wäre es doch, wenn wir nur einen hätten«, meinte Helm und strahlte Anne an.

Wie so oft, wenn Helm sie auf diese Weise ansah, fühlte sie ein flaues Gefühl in ihrem Magen aufsteigen. Rasch drehte sie sich um und ordnete etwas am Fersenriemen ihrer Sandale. Immer wieder geschah es, dass sie das Gefühl hatte, als baue sich zwischen ihnen eine Art elektrisches Spannungsfeld auf. Das konnte durch einen Blick, ein Lächeln ausgelöst werden. Anne hatte so etwas noch nie erlebt. Es machte sie unsicher. Und diese Unsicherheit machte sie ärgerlich. Aber wenn sie sich selbst gegenüber ganz ehrlich war: Eigentlich wollte sie auf dieses Gefühl, selbst wenn es sie unsicher machte, nicht verzichten.

»Alle Leute sagen, Dackel könne man nicht erziehen«, sagte sie betont sachlich, indem sie sich wieder aufrichtete. »Meiner Ansicht nach stimmt das nicht. Alle Hunde kann man erziehen. Nur werden Dackel, weil sie so süß aussehen und so klein sind, in ihrer Jugend nicht richtig ernst genommen.«

»Hast Recht. Wenn man sich einen jungen Schäferhund kauft, dann ist man mit der Erziehung bestimmt sorgfältiger. Aber wenn man von so einem süßen Dackelgesicht angesehen wird …«

»Trotzdem«, gab Anne zurück.

»Jetzt siehst du aus wie ein Dackel«, triumphierte Helm und Anne wurde wieder rot. Der elektrische Funke knisterte hörbar. Zum Glück sausten die beiden Hunde gerade vorbei.

»Hexe, komm her«, rief Anne. Doch Hexe wollte lieber weiterrennen.

»Kommst du wohl!« Der Hund bremste kaum merklich, fegte dann in wildem Galopp hinter Biene her und war um die Hausecke verschwunden.

»Na warte!« Anne wollte dem Hund nachsetzen, besann sich dann aber anders. Sie drehte um und rannte den Hunden entgegen. Hexe machte ein verdutztes Gesicht, als Anne sie am Nackenfell packte, hochhielt und schüttelte.

»Du sollst kommen, wenn ich dich rufe. Verstanden!« Damit setzte sie den Hund auf den Boden zurück. Hexe warf sich auf den Rücken und schloss schuldbewusst die Augen. Ganz sachte, um Verzeihung bittend, pendelte ihr Schwanz hin und her.

»Sie weiß gar nicht, was los ist, und du bestrafst sie«, empörte sich Helm.

»Das weiß sie ganz genau. Schau nur, was für ein schlechtes Gewissen sie hat.«

»Angst hat sie. Kein schlechtes Gewissen! Sie weiß gar nicht, was das soll.«

»Dann wird sie es lernen!« Anne war unsicher und das machte sie noch trotziger. Vielleicht war Helm im Recht? Bestimmt wäre sie nicht so streng gewesen, hätte diese unbestimmte Spannung nicht zwischen ihnen bestanden. Um ihr zu entgehen, hatte sie sich dem Hund zugewandt und war sicherlich härter gewesen, als sie eigentlich wollte.

»Komm, Hexe, komm«, lockte sie. Der Dackel sprang auf und lief schwanzwedelnd auf sie zu.

»So ist's brav. Bist die Beste«, lobte sie und hockte sich neben den Hund. Hexe sprang in ihrer Aufregung auf und ab und stupste Anne mit der feuchten Nase ins Gesicht.

»Das üben wir jetzt immer wieder, gell? Aber keine Küsschen geben«, wehrte sie ab.

»Sie will gar nicht Küsschen geben«, belehrte Helm. »Sie bettelt eigentlich um Futter. Hexes Ur-ur-urahnen, die Wölfe und Schakale, ernährten ihre Jungen mit vorverdautem Futterbrei, den sie erbrachen. Deshalb stupsen unsere Hunde heute noch gern ans Maul der Hündin oder an den Mund des Frauchens, um sie dazu aufzufordern.«

»Na, guten Appetit!« Anne schüttelte sich angewidert. »Aber praktisch war das schon. Auf diese Weise konnte die Mutter das Essen auf einfache Weise über längere Strecken transportieren. Gut, dass das bei Menschen nicht Sitte ist.«

»Na, die küssen sich aus anderen Gründen.« In Helms Blick war etwas Neues, Forderndes. Aber seine ausgesandten Wellen stießen bei Anne gegen eine Mauer von Beton. Dass dieser Schutzwall eines Tages einstürzen würde, ahnte sie. Aber noch stand er! Anne kämpfte mit sich, um die Mauer noch recht lange zu halten. Denn was kam dann?

Annes Ablehnung spürend, fuhr Helm mit betont sachlicher Stimme fort: »Spaß beiseite. Bei der Erziehung müssen wir immer bedenken, dass diese Hunde noch Kinder sind. Sie wollen spielen, rumtoben, raufen. Besonders wenn es zwei Gleichaltrige sind. Die spielen so gern miteinander, dass sie den Menschen eigentlich nicht brauchen. Mit Julia«, er stockte einen Moment, »mit der hatte ich nie Probleme.«

»Das sind doch keine Probleme, wenn ich Hexe erziehen will, dass sie mir folgt. Und dass das nicht so schnell geht, weiß ich selber.« Sie bemühte sich um einen ebenso sachlichen Ton. »Übrigens: Ich fahre am nächsten Wochenende zu meiner Großmutter. Sie will mit ein paar von ihren Doggen auf eine Ausstellung. Da hat sie mich gebeten ihr zu helfen. Könntest du dich in dieser Zeit um Hexe kümmern? Vielleicht rufst du Nina an und löst dein Versprechen ein?«

»Na, von mir aus.« Er zog einen Flunsch: »Um die Ausstellung beneide ich dich. So etwas würde mich auch interessieren.« Er schwieg. Aber Anne forderte ihn nicht auf mitzufahren. Sie wollte einmal ganz ungestört sein.

Unser neuer Hausgenosse

Der lang herbeigesehnte Tag ist da! Ihr könnt euren Welpen abholen. Lasst euch beim Vorbesitzer genau erklären, was der Kleine bisher zu essen bekommen hat. Notfalls gibt er euch sicherlich ein Päckchen des bisherigen Futters mit. Eine rasche Umstellung des Speiseplans erzeugt unter Umständen Magenbeschwerden. Lasst euch den Welpen niemals per Bahn oder mit der Post zuschicken. Die Trennung von Mutter und Geschwistern ist schwer genug. Kommt dazu noch der Transport in einem engen Käfig, ganz allein auf sich gestellt, wird der junge Hund über längere Zeit verstört und scheu sein.

Einen kleinen Hund kann man während der Fahrt in einen Transportbehälter setzen. Hat man selbst keinen, so kann man ihn vielleicht bei einem Tierarzt ausleihen. Auf der Rückreise legt man dem Kleinen in seinen Korb einen getragenen Socken des zukünftigen Herrchens. So gewöhnt er sich bereits auf der Reise an diesen Geruch. Hat man einen größeren Hund im Auto, so muss eine zweite Person mitfahren, die den Junghund während der Heimfahrt auf dem Rücksitz beaufsichtigt. Meist ist das Tier weder an Halsband, Leine noch ans Autofahren gewöhnt. Ein Hund, der in seiner Panik zum Fahrer vorspringt, kann den schlimmsten Unfall verursachen.

Man sollte darauf achten, dass es im Auto nicht zieht. Zugluft ist für jedes Jungtier schädlich. Dass man während der Fahrt auf den Hund beruhigend einspricht und bei längerer Fahrt eine Pause einlegt, um den Kleinen Gassi zu führen (selbstverständlich nur angeleint), wird jedem einleuchten.

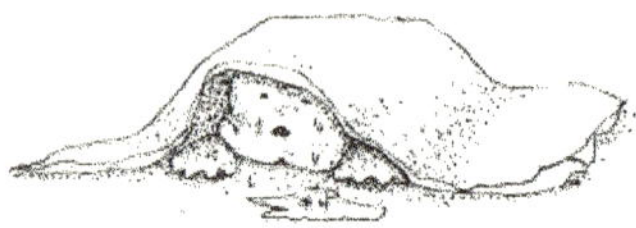

Zu Hause angekommen, bringt man den Hund erst einmal an einen ruhigen Platz und lässt ihn eine Weile in Frieden. Er braucht Zeit, um sich mit der neuen Situation auseinander zu setzen.

Die nächsten Tage muss man sich vor allem um den neuen Hausgenossen kümmern und ihm das Eingewöhnen erleichtern.

Daher holt man ihn am besten an einem langen Wochenende oder in den Ferien zu sich. Zeit ist nun das Allerwichtigste. Je mehr ihr euch in den ersten Tagen um ihn kümmern könnt, umso schneller wird er sich an euch gewöhnen. Durch liebevolle Behandlung wird er den Trennungsschmerz rasch überwinden. Allerdings sollte sich nicht die ganze Familie tröstend auf ihn werfen! Neugierig, wie junge Hunde sind, wird er bald in der

Wohnung herumwackeln. Ihr solltet ihn dabei genau beobachten. Beginnt er unruhig zu suchen, so ist es Zeit, ihn ins Freie zu tragen, damit er sein Geschäft machen kann.

Du trägst ihn so, dass eine Hand unterm Hinterteil liegt, die andere unter seiner Brust. Greife ihm nie ins Nackenfell. Der Griff ins Nackenfell bedeutet für den jungen Hund Strafe, denn so züchtigt die Hundemutter ihre Kinder. Hat er sein Geschäft brav gemacht, wird er natürlich überschwänglich gelobt. Anfangs werdet ihr nicht verhindern können, dass ein Bächlein auf den Boden geht. Das ist nicht schlimm. Man zeigt dem Hund den Unfall, schüttelt ihn leicht am Nackenfell und trägt ihn hinaus. Die grausame Sitte, den Hund mit der Nase in sein Geschäft zu stupsen, sollte der Vergangenheit angehören. Hunde haben eine sehr feine Nase und würden unter dieser Strafe leiden. Ein Bächlein wird mit einer alten Zeitung oder einem Putzlappen aufgesaugt. Das Häufchen, auch ein etwas dünneres, lässt sich problemlos mit einem Spachtel aufnehmen. Hinterher behandelt man die Stelle mit einem Schwamm und lauwarmem Wasser, in das man einen Teelöffel Schmierseife gibt. Es ist nicht nötig, jede Stelle sofort mit giftigen Desinfektionsmitteln zu behandeln.

Erziehung

Eigentlich gehört die Erziehung zur Sauberkeit auch in dieses Kapitel. Da es jedoch eng zusammenhängt mit der Eingewöhnung, habe ich es bereits im vergangenen Kapitel erwähnt. Zu Anfang nun ein paar allgemeine Gedanken.

Ich behaupte: Nur ein gut erzogener Hund ist ein glücklicher Hund. Er wird geliebt, gelobt und hat Freiheiten, die ein unerzogener Hund nicht hat. Als Beispiel:

Ein Hund, der sicher folgt, braucht eigentlich keine Leine. Sein Herrchen kann ihn getrost laufen lassen. Er darf herumschnuppern, fremde Hunde begrüßen, denn er folgt ja aufs Wort. Ein unerzogener hingegen belästigt Spaziergänger, rempelt fremde Hunde an, läuft anderen nach oder wildert. Er muss deshalb an die Leine! Wie erziehe ich also einen Hund, damit er glücklich wird? Dieser Weg kann mitunter lang und dornenvoll sein. Das Wichtigste in der Erziehung ist Liebe, Konsequenz, Beobachtungsgabe und Disziplin.

Der Hundefachmann spricht bei der Erziehung von Reizverknüpfungen. Das klingt kompliziert, ist jedoch recht einfach. Alle Dinge, die ein Hund als angenehm

empfindet, nennt man positive Reize. Alle unangenehmen sind negative Reize. Streicheln, loben, gut zureden sind etwas Positives. Schimpfen, im Genick schütteln oder gar ein Klaps sind negative Reize. Als Beispiel: Ein Bächlein auf dem Boden bedeutet für den Kleinen: Ich werde im Genick gepackt und geschüttelt. Wichtig ist,

dass du ihn dabei sofort ertappst. Kommt die Strafe zu spät, hat der Hund die Untat vergessen und begreift die Strafe nicht.

Ein anderes Beispiel: Nach kurzer Zeit wird der Hund die Leine als einen angenehmen, also positiven Reiz ansehen, denn die Leine bedeutet: Wir gehen spazieren.

Die folgende Situation wird dir bestimmt öfter passieren: Dein Hund läuft beim Spaziergang frei herum. Du rufst ihn, aber er denkt gar nicht daran zu kommen. Du rufst dringlicher, Spaziergänger beobachten dich feixend und schadenfroh. Du lockst, du schreist, du kochst schließlich vor Wut, denn du hast es eilig, es regnet oder du musst heim. Aber dein Hund hat etwas anderes vor! Vergnügt und ohne auf dein Rufen zu achten zieht er freudig seine Kreise. Wenn er dann unbefangen und schwanzwedelnd angetrabt kommt, könntest du ihn in deinem Zorn schütteln! Das ist genau verkehrt. Er würde verknüpfen: »Ich komme und werde bestraft. Also komme ich das nächste Mal nicht.« Treffsichere Menschen werfen dem Hund die zusammengelegte Leine oder eine Kette ans Hinterteil (niemals einen Stein!). Dann ist die Reizverknüpfung folgende: Wenn Herrchen

ruft und ich komme nicht, trifft mich etwas sehr Unangenehmes. Ich flüchte zu ihm und werde dafür gelobt. Beispiele dafür gibt es viele.

Merke dir eines: Deine Hand ist nur zum Streicheln, Loben und Füttern da. Sie soll etwas sein, das dein Hund uneingeschränkt liebt. Strafen darfst du ihn mit ihr niemals. Besonders wirksam ist der Klaps mit einer zusammengelegten Zeitung. Das klatscht laut, sodass der Hund erschrickt, tut jedoch nicht weh. Zum Spazierengehen kannst du, wenn es wirklich notwendig ist, ein kleines Stöckchen mitnehmen. (Es ist jedoch nicht günstig, solch

einen Stock zur Abwehr fremder Hunde zu verwenden. Viele werden dadurch erst recht gereizt und angriffslustig.) Jede Maßnahme, ob Lob oder Tadel, muss sofort erfolgen. Nur so kann der Hund sie verstehen. Lobe deinen Hund, wann immer du Gelegenheit dazu hast. Lob ist viel wichtiger als Tadel.

Natürlich kannst du deinem Hund nicht alles auf einmal beibringen. Er ist ja noch verspielt und unkonzentriert. Gerade durch den Spieltrieb aber lässt sich beim Hund vieles erreichen. Das Wichtigste ist, dass dein Hund zuverlässig kommt, wenn du ihn rufst. Damit kannst du bereits in der Wohnung beginnen. Lobe ihn jedes Mal, wenn er kommt! Habt ihr einen eingezäunten Garten, so kannst du das anschließend im Freien üben.

An das *Halsband* gewöhnt sich der Hund rasch. Schwieriger wird es, ihn an die *Leine* zu gewöhnen. In seinem Freiheitsdrang wird sich der Kleine durch eine Leine sehr eingeengt fühlen. Kleinere Hunde lassen sich gern an einem Geschirr führen, das um Brust und Rumpf gelegt wird. Das Geschirr beengt den Hals nicht so, wie ein Halsband dies tun kann. Beim ersten Zug an der Leine wird sich der Hund hinsetzen, störrisch mit dem

Kopf schütteln oder rückwärts laufen. Rede ihm gut zu, zupfe ein wenig an der Leine und warte ab. Nach einem Weilchen wird es ihm zu dumm werden und er macht einen Schritt voraus: Großes Lob! Zupfe wieder mit lockender Stimme. Wehrt er sich erneut, so warte ab, bis er nachgibt. Alles, was er freiwillig macht, tut er gern. Da die Leine gleichzeitig Bewegung, Auslauf und Abenteuer bedeutet, wird er bald gern folgen. Es gibt Herrchen, die mit ihrem Hund spazieren gehen. Es gibt jedoch auch Hunde, bei denen man meinen könnte, sie führen das Herrchen aus! Laut keuchend, mit lang heraushängender Zunge, zerren sie den Besitzer von einem Laternenpfahl zum anderen. Das muss nicht sein. Der Hund muss lernen, bei durchhängender Leine brav nebenherzulaufen. Beim jungen Hund, der erst einmal an die Leine gewöhnt werden muss, ist man natürlich ein bisschen nachgiebig. Er darf keine Angst vor der Leine haben. Später jedoch, wenn er die Leine gut kennt, gibt es einen Ruck und das Kommando »Fuß«, sobald er zerrt. Ein Stachelhalsband, bei dem die stumpfen Dornen nach innen zeigen, erleichtert mitunter das Führen von starken, temperamentvollen Hunden.

Das *Ablegen* ist eine Übung, die den meisten Hunden viel Spaß macht. Man kann damit beginnen, sobald der Hund sicher auf das Kommando »Platz« hört. Man gibt den Befehl »Platz« und macht die Leine ab, sobald er liegt. Anfangs bewegt man sich nur ein paar Schritte von

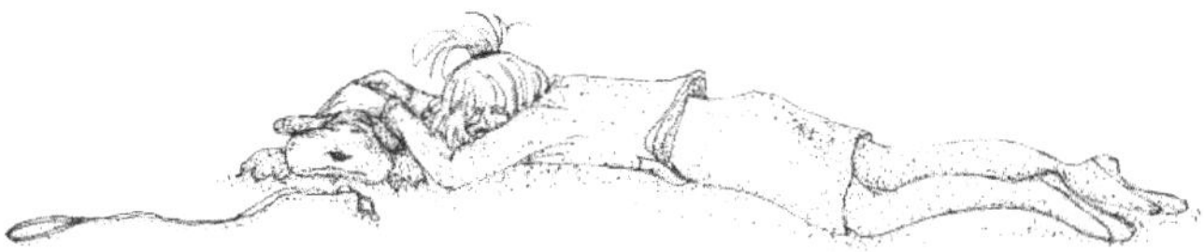

ihm weg. Dabei muss man ihn gut im Auge behalten. Sobald er Anstalten macht aufzustehen, kommt erneut das Kommando. Manche Hunde begreifen die Übung schneller, wenn man ihnen die Leine vor die Nase legt. Sie haben dann das Gefühl, sie müssten etwas bewachen. Bleibt der Hund brav liegen, so ruft man nach kurzer Zeit »Komm«. Natürlich wird er überwältigend gelobt, wenn er seine Sache gut gemacht hat. Mit der Zeit wird der Abstand vergrößert. Man blickt sich hin und wieder um, ob er sich auch nicht bewegt. Diese Übung ist nicht nur sehr beliebt bei den meisten Hunden, sie fördert den Gehorsam.

Unser Familienhund braucht kein perfekt abgerichteter Polizeihund zu sein. Ein paar Gehorsamsübungen sollte man trotzdem von ihm verlangen. Es erleichtert das Leben mit ihm ungemein. Zudem lernen die meisten Hunde ausgesprochen gern. Allerdings sollte man die Kommandos einzeln einüben, damit der Hund sie nicht durcheinander bringt. Fangen wir mit »Sitz« an. Man nimmt den Hund am Halsband, sagt deutlich das Kommando und drückt das Hinterteil des Hundes sanft nach unten. Sobald er sich gesetzt hat, wird er gelobt. Jede Übung sollte man nicht mehr als viermal hintereinander üben. Der Hund wird sonst unlustig und verwirrt. Bei

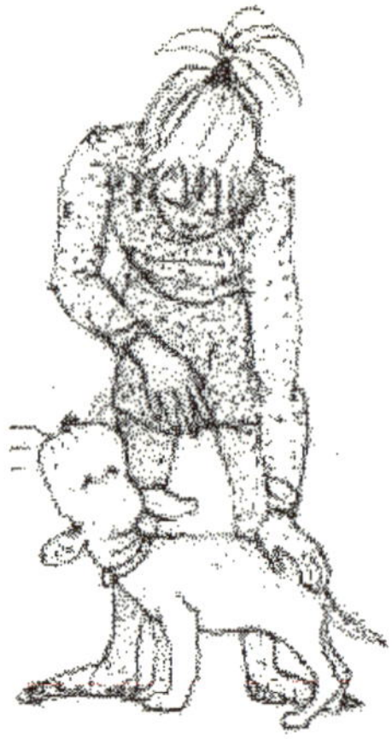

»Platz« oder »Down« soll sich der Hund sofort niederlegen. Ein Hund, der sich in der Gaststätte oder bei Freunden brav auf den angegebenen Platz legt, ist überall willkommen. Nichts ist lästiger als ein Hund, der in fremder Umgebung unruhig hin und her läuft oder gar Fremde anbettelt oder ankläfft. Auf den Befehl »Platz« drückst du ihm erst, wie beim »Sitz«, die Kruppe nach unten. Danach ziehst du sanft die Vorderbeine in die gewünschte Stellung. Während du das Kommando »Platz« mehrfach wiederholst, lobst du ihn, indem du ihm mit der Hand über seinen Rücken fährst. So kannst du ihn nach unten drücken, wenn er aufstehen will.

Die *Pfote geben* viele Hunde von allein. Dieses fordernde Ausstrecken der Vorderbeine ist eigentlich nur ein abgewandelter Milchtritt, der jedem Welpen instinktiv mitgegeben ist. Das Pfotegeben ist ganz lustig, kann jedoch recht lästig werden. Der Hund bettelt mit der Pfote und kratzt einen dabei mit seinen scharfen Krallen.

Außer »Sitz« und »Platz« sollte dein Hund das Kommando »Steh« kennen. Musst du mit ihm bei schlechtem Wetter an einer Ampel warten, so ist es sehr lästig, wenn er sich bequem in den Schmutz legt. Ein großer Hund mit empfindlicher Haut entzieht sich gern der Pflege mit dem Kamm, indem er sich auf den Bauch legt, sobald du ihn kämmen willst. Fasse unter seinen Bauch, sobald er sich hinlegen will, und sage ihm deutlich das Kommando. Lobe ihn, wenn er stehen bleibt. Sobald er sich niederlassen will, kommt ein deutliches »Nein«. Hast du einen Ausstellungshund, so muss er das Kommando »Steh« sicher beherrschen.

Gibt es etwas Herzigeres als einen jungen Hund, der mit Begeisterung eine Zeitung zerfetzt, einen Schuh zernagt oder ein Sofakissen totschüttelt? Mit fliegenden Ohren, blitzenden Augen und wütendem Knurren stürzt er sich auf diese Gegenstände. Ihm ist es unverständlich,

wenn du mit Wutgeheul reagierst und ihm dein Rechenheft entreißt. Für ihn sind das wichtige Bestätigungen, mit denen er seine Kraft trainiert und seine Zähne erprobt. Da gibt es nur eine Möglichkeit: alle gefährdeten Gegenstände außer Reichweite unterbringen. Gib ihm etwas, das er benagen darf. Einen alten Schuh zum Beispiel, einen abgesägten, ausgekochten Markknochen oder einen Kauknochen. Betätigt er sich trotzdem am Stuhlbein, so gibt es ein »Pfui«!

Ist dein Hund ein wenig älter geworden, so muss er lernen, in der Wohnung hin und wieder *allein zu bleiben.* Das Lernziel ist, dass dein Hund brav allein daheim bleibt, ohne zu bellen, auf den Polstermöbeln zu schlafen oder etwas zu zerreißen. Beim Training gehst du schritt-

weise vor. Zunächst verlässt du das Zimmer nur für kurze Zeit. Ist er brav, so lobst du ihn. Beginnt er zu heulen oder zu bellen, gehst du sofort hinein. Er bekommt einen Klaps mit der Zeitung und wird auf seinen Platz geschickt. Dieses Training musst du einige Male wiederholen, bis die Reizverknüpfung: »Alleinsein bedeutet Lob – Bellen bedeutet Strafe« von ihm verstanden wird. Selbstverständlich darf er nicht stundenlang allein bleiben. Seine körperlichen Bedürfnisse könnten ihn in höchste Nöte bringen. Nach deiner Rückkehr musst du sofort mit ihm Gassi gehen.

Viele kleinere Hunde legen sich in unserer Abwesenheit besonders gern auf die *Couch* oder einen *Sessel.* Wer

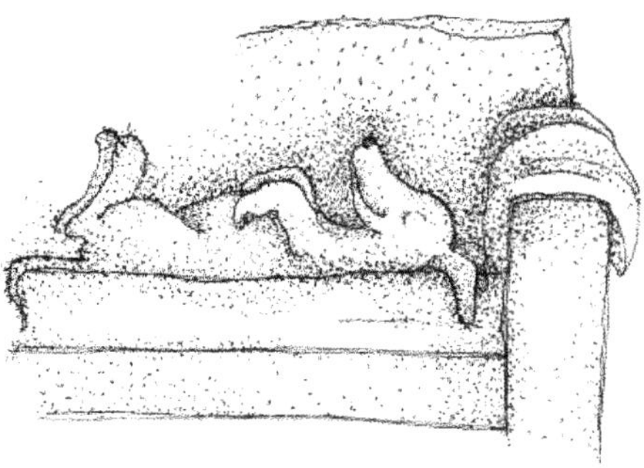

sich mit Schmutz und Haaren auf den Polstern nicht abfinden will, kann einen Trick versuchen. Man legt eine gespannte Mausefalle auf den Lieblingsplatz. Der Hund bekommt einen tüchtigen Schreck und flüchtet. Für manche Hunde ist der beste Platz in Frauchens Bett. Selbst wenn er brav am Fußende liegen bleibt, solltest du das aus Gründen der Hygiene nicht erlauben.

Über das *Betteln* bestehen sehr unterschiedliche Meinungen. Mancher Hundehalter verbietet es seinem Vierbeiner, andere wiederum beteuern überzeugt: »Ein guter Hund muss betteln!«

Ich persönlich mag es gar nicht. Mir ist es unangenehm, wenn ich bei Tisch ständig von einer nassen Nase angestupst werde, der kleine Hund mir bettelnd seine Vorderpfoten aufs Knie legt und mir sehnsüchtig jeden Bissen in den Mund zählt. Hunde mit nicht ganz geschlossenen Lefzen, beispielsweise Doggen oder Boxer, sind besonders lästig. Ihnen läuft bei einem begehrlichen Stück Wurst buchstäblich das Wasser im Mund zusammen. Lange Speichelfäden tropfen aus seinen Lefzen, und wenn er sich schüttelt, so wickeln sich diese Fäden wenig appetitlich um seinen Kopf – oder sie landen gar auf dem Tisch!

Ein Hund bettelt eigentlich nur, nachdem er erfahren hat, dass er am Tisch etwas bekommt. Füttert man ihn pünktlich zur gleichen Zeit ausschließlich in seinem Napf, so kommt er gar nicht auf die Idee, dass es am Tisch etwas geben könnte. Er wird nichts vermissen. Hast du jedoch ein paar Mal eine Ausnahme gemacht, so wird er immer wieder neben deinem Stuhl sitzen. Am besten schickst du ihn während der Mahlzeit auf seinen Platz. Neben der unangenehmen Belästigung bei Tisch gibt es noch eine weitere wichtige Begründung. Hunde, die gewohnt sind, bei Tisch etwas zu bekommen, sehen kein Unrecht darin, sich ihren Teil selbst vom Tisch zu holen. Sie beginnen zu *stehlen.* Dann ist weder die Wurst noch der Geburtstagskuchen sicher. Wie hübsch ist ein festlich gedeckter Tisch. Kuchen, Sahneschüssel und Zuckerdose stehen bereit. Es klingelt und die Gäste kommen. Man geht hinaus, um sie zu begrüßen und ihnen die Mäntel abzunehmen. Diese Zeit reicht für einen diebischen Hund vollkommen, um die Sahne auszulecken und den Kuchen auf dem Teppich zu zerbröseln.

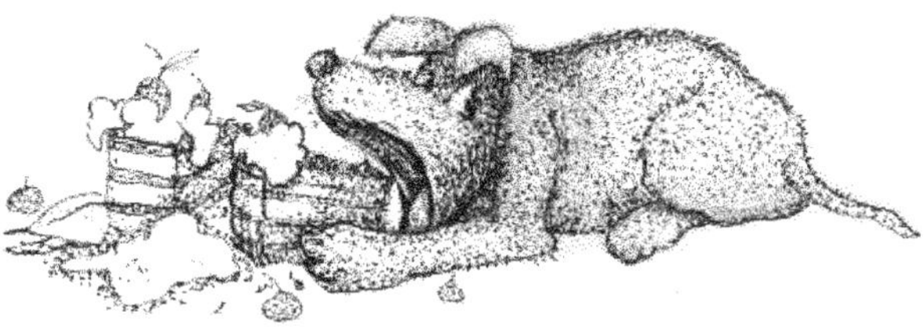

Kleine Belohnungshappen helfen dir aber bei der Erziehung deines Hundes. Wenn du mit ihm spazieren gehst, hast du immer ein paar Hundekuchen in der Tasche. Liebe geht bekanntlich durch den Magen. Erlaube ihm jedoch niemals, etwas von Fremden oder auch nur von Bekannten anzunehmen. Erkläre ihnen, dass dies kein Misstrauen gegen ihre Person ist. Es gibt leider viele Menschen, die keine Hundefreunde sind und dein Tier vergiften könnten.

Erlaube deinem Hund nicht, dass er sein *Geschäft* auf den Gehsteig macht. Führe ihn dazu *in den Rinnstein.*

Zwar zahlst du deine Hundesteuer, aber für andere Fußgänger ist es sehr unangenehm, wenn sie in ein Häufchen treten. In einigen Städten kann man an Automaten Tüten mit Spachteln kaufen. Damit lässt sich so eine Bescherung entfernen und im Abfallkorb beseitigen. Wird dein Hund bei der Erledigung seines Geschäftes auf dem Gehweg ertappt, so kann das für dich teuer werden. Gegen das Beinheben des Rüden ist nichts zu machen. Er markiert damit sein Revier. Gleichzeitig gibt er anderen Rüden bekannt, dass er da gewesen ist. Diese unsichtbare Post ist für alle Hunde sehr interessant.

Intensiv werden Hausecken, Laternenpfähle und Bäume beschnuppert. Danach setzt der Rüde seine Marke nach Möglichkeit so, dass der Duft des Vorgängers überdeckt wird. Dieses Geschäft dauert natürlich einige Zeit.

Für Waldi ist diese Nasenlektüre eine spannende Sache, für seinen Besitzer kann sie zur Nervenprobe werden. Bist du auf einem belebten Trottoir unterwegs, so nimm deinen Hund an die Leine, damit er weder Mensch noch Tier *belästigt.* Kommt es trotzdem zu einem Geplänkel mit Anknurren und Hochziehen der Lefzen, läuft man am besten weiter. Packen sich zwei Rivalen dennoch, so ist nicht viel zu machen. Versuche nicht, deinen Hund am Halsband zurückzuziehen. Er vermutet einen zweiten Feind hinter sich, beißt rückwärts und erwischt deine Hand. Wenn man die Streithähne an den Hinterbeinen

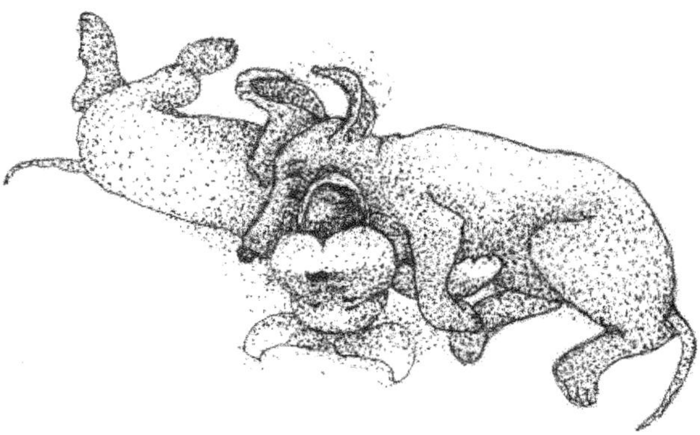

hochhebt, so verlieren sie ihren festen Stand und lassen voneinander ab. Eine *Beißerei* sieht oft gefährlicher aus, als sie ist. Selbst wenn einmal ein Ohr blutet, so ist das noch nicht so schlimm. In der Natur geht es härter zu. Spürt einer der beiden Kämpfer seine Unterlegenheit, so wirft er sich auf den Rücken und bietet dem Sieger die ungeschützte Kehle. Diese Unterlegenheitsgeste löst beim instinktsicheren Hund eine Beißhemmung aus. Er *kann* beim Anblick des ungeschützten Halses *nicht* zubeißen.

Der Hund ist von Natur aus ein Hetzjäger. Radfahrer, besonders diejenigen mit flatternden Schals und wehenden Mänteln, reizen viele Hunde zum *Nachlaufen.* Mache deinem Hund schon beim ersten Versuch unmissverständlich klar, dass so ein Radler kein Wild ist!

Ähnliche Schwierigkeiten kannst du mit Joggern bekommen. Du kannst böse Probleme mit deiner Versicherung bekommen, wenn du solche Hetzjagden nicht streng unterbindest. Jede Art von *Geflügel,* ob schnatternde Gänse oder gackernde Hühner, sind für viele Hunde von besonderem Reiz. Wie herrlich, durch solch ein hysterisches Federvolk hindurchzurennen und sich sogar einen Braten zu schnappen! Aus dem anfänglichen Sport wird rasch ein systematisches Morden. Um dies zu verhindern, muss man den Hund schon beim ersten Mal erwischen und nachhaltig belehren. Man nimmt das

getötete Federvieh und schlägt es dem Übeltäter tüchtig um die Ohren. Hilft das nichts, so bindet man den Leichnam an sein Halsband.

Der *Postbote* ist der größte Feind des Hundes. Warum das so ist, haben selbst Forscher bisher nicht herausgefunden. Auch wenn du in deinem Innersten vielleicht stolz auf deinen wachsamen Hund bist: Für den Postboten ist das kein Spaß, seine Arbeit nur unter Gefahr ausüben zu müssen. Wenn häufig derselbe Beamte kommt,

so versuche durch gemeinsames gutes Zureden den Hund von der Harmlosigkeit des Postmannes zu überzeugen. Den Hund einzusperren ist die schlechtere Lösung. Dadurch steigert sich seine Feindseligkeit. Mitunter ist dies jedoch die einzige Möglichkeit, den Briefträger vor Angriffen zu schützen.

Jeder Hund freut sich, wenn sein Frauchen endlich heimkommt. Besonders kleine Rassen *springen gerne hoch.*

Laut bellend hüpfen sie in die Höhe und tapsen mit ihren schmutzigen Pfoten an den hellen Sommermantel, die dunkelblaue Wollhose oder die dünnen Strümpfe. Kein Wunder, dass der Hund enttäuscht ist, wenn Frauchen,

statt in Jubel auszubrechen, den Kleinen wütend von sich weist. Einige Fachleute raten dazu, dem Hund auf die Hinterpfoten zu treten, sobald er in seiner Begeisterung hochspringt. Es ist liebevoller, in die Hocke zu gehen. So ist man seinem Hund näher. Springt er dann immer noch hoch, so nimmt man seine Pfoten in die eine Hand und streichelt ihn mit der anderen. Du möchtest ja auch nicht getreten werden, wenn du einen Freund begrüßt!

Wie bei Menschen gibt es auch bei Hunden gesprächige und maulfaule Typen. Die meisten Kleinhunde, aber auch große Spitze und Schnauzer, können ausgesprochene *Kläffer* sein. Es ist gut und richtig, wenn der Hund anschlägt, sobald sich jemand Fremder dem Haus nähert. Lästig sind jedoch die Hunde, die laut kläffend aus dem Haus stürzen, sobald man die Tür öffnet. Sie bellen, um zu bellen, ohne jeden Grund. Sie wecken das Baby der Nachbarin oder den Großvater, der gerade seinen Mittagsschlaf hält. Mit diesem Lärm machen sie sich viele Feinde. Das muss nicht sein. Sobald dein Hund aus der Tür läuft und kläfft, hältst du ihm einfach die Schnauze zu. Du greifst mit der Hand um Ober- und Unterkiefer. Dabei darfst du ihm nicht die Nase zudrücken, denn er muss Luft bekommen. Nach etwa einer Minute lässt du los. Ist er still, so wird er gelobt. Beginnt er wieder zu bellen, hältst du ihm erneut das Maul zu. Leider hat diese Methode nicht bei allen Hunden Erfolg. Besonders älteren Hunden ist das Bellen kaum abzugewöhnen. Auch in der Hundeerziehung gilt der Spruch: »Was Hänschen nicht lernt, lernt Hans nimmermehr.«

Dies sind nur ein paar Tipps, wie man seinen Familienhund zu einem angenehmen Hausgenossen machen kann. Darüber hinaus gibt es natürlich noch vieles, was ein Hund lernen kann. Denke nur an die Jagdhunde oder an Polizei- und Schutzhunde. Sie bekommen eine Spezialausbildung vom Fachmann. Möchtest du mit deinem Hund weiterarbeiten, so erkundige dich bei einem Hundeverein.

Großmutters Doggen

»Großmutter, wen nehmen wir mit?«, sprudelte Anne los, kaum dass sie aus dem Zug gestiegen war.

»Kind, du wirfst mich ja um, so stabil, wie du geworden bist. Lass dich anschauen.« Die alte Dame, ebenso klein wie Anne, jedoch wesentlich zierlicher, musterte ihre Enkelin mit wohlwollenden grauen Augen.

»Ach, Großmutter, stabil nennst du das. Ich finde mich dick.«

»Mach dir nichts draus. In deinem Alter hatte ich auch Fohlenspeck, und keinen hat das gestört. Heutzutage, da wollen alle jungen Mädchen aussehen wie Mannequins. Sie hungern, bis sie aussehen wie ausgelaugte Milchziegen. Und das finden sie dann schön!« Sie hakte Anne unter und zog sie energisch dem Ausgang zu.

»Komm schnell. Ich hab die beiden Junghündinnen, die wir morgen mitnehmen wollen, hinten in den Bus gesetzt. Sie sind noch nie Auto gefahren. Da war es jetzt eine gute Gelegenheit, sie dran zu gewöhnen. Aber wer weiß, was sie unterdessen angestellt haben.« Großmutters Kleinbus stand unter einer weit ausladenden Kastanie. Ihre Blätter zeigten schon braune Spitzen. Es wurde Herbst.

Schon von weitem sahen sie, wie die Hunde im Inneren des Autos miteinander rangelten. Abwechselnd

tauchten zwei große Köpfe oder zwei dicke, lange Schwänze am Seitenfenster auf.

»Jorinde, Joringel, werdet ihr gleich!« Die Großmutter, für ihr Alter vorzüglich auf den Beinen, stürzte auf das Auto zu und öffnete die seitlich angebrachte Schiebetür. Sofort beendeten die beiden ihr Spiel und sprangen ins Freie. Anne blieb stehen, um die Hunde aus der Entfernung zu betrachten. Was waren das für prächtige Exemplare! Sie wirkten stolz und selbstbewusst, wie sie nun Großmutter mit Freudensprüngen umkreisten, als wäre sie wochenlang verreist gewesen!

Trotz ihrer imposanten Größe und der kräftigen, langen Beine wirkten sie kein bisschen schwerfällig. Vielleicht war es der schmale, elegant gebogene Hals, der ihnen trotz ihrer Masse eine gewisse Leichtigkeit verlieh? Eine der Hündinnen war hellgelb mit dunkler, beinahe schwarzer Maske. Auch bei der anderen war die Grundfarbe gelb. Dunkle Streifen überdeckten jedoch teilweise dieses Gelb. Gestromt nennt man das in Fachkreisen, das wusste Anne. Einige Passanten waren bewundernd stehen geblieben. So etwas sah man nicht alle Tage.

»So, habt ihr euch genug gefreut?« Großmutter klopfte den beiden, ohne sich bücken zu müssen, die Schulter. »Marsch, rein mit euch, wir haben es eilig.« Gehorsam sprangen beide ins Auto. »Platz.« Sie ließen sich brav auf den Bauch fallen.

»Damit ihnen nichts passiert, wenn ich mal scharf bremsen muss«, sagte Großmutter erklärend. »Ich hab zwar ein Trenngitter zwischen Ladefläche und Fahrersitz. Aber wenn sie während der Fahrt stehen, kann eher was passieren.« Bei dieser Erklärung war sie flink um das Auto herumgelaufen und hatte sich hinters Steuer gesetzt. »Hoffentlich springt die alte Schleuder an. Ich wünschte, ich hätte einmal ein zuverlässiges Auto. Aber wenn man all sein Geld in die Hundezucht

steckt, kann man sich kein neues Auto leisten.« Sie drehte den Zündschlüssel um, gab vorsichtig Gas und lauschte. »Du bist brav, ich wusste es.« Sie klopfte lobend auf das Armaturenbrett, als der Wagen ansprang.

»Verdient man mit der Hundezucht nichts?« Anne dachte an die hohen Preise, die man für Doggen bezahlen musste.

»Verdienen?« Großmutter stieß einen grunzenden Laut durch die Nase aus. »Kind, wenn du wüsstest! Es ist ja nicht allein das Futter. Da habe ich zum Glück Beziehungen zur Freibank. Dort bekomme ich billiges Fleisch von notgeschlachteten Tieren. Aber die Tierarztrechnungen! Ich lasse sie immer erst einmal ungeöffnet liegen, weil's mich davor graust. Aber vom Liegenlassen werden sie nicht bezahlt. Dann die Deckgebühren und das Benzin, das ich verfahre, wenn ich mit einer Hündin durch halb Deutschland reise, um sie zum passenden Rüden zu bringen! Ganz zu schweigen von den Kosten, die so eine Ausstellung mit sich bringt. Und zu Ausstellungen muss man gehen. Sonst ist man als Züchter schnell vergessen und hat Probleme, Junghunde zu verkaufen. Die Konkurrenz schläft nicht!«

Anne schwieg und lauschte. Sie liebte Großmutters temperamentvolle Art zu reden. Nach einer Weile fragte sie versonnen: »Warum machst du das? Warum lädst du dir so viel Arbeit, Mühe und Kosten auf?«

»Da fragst du? Natürlich, weil ich es gern tue. Ich könnte ohne die Hunde nicht leben.«

Lautes Gebell ertönte, als das Auto von der Dorfstraße abbog und sie sich dem kleinen, weißgestrichenen Haus näherte. Annes Herz klopfte. Wie gern war sie hier. Dieses kleine Haus mit den roten Geranien vor den Fenstern, den hölzernen Läden und dem dunkelroten Ziegeldach war ihre Ferienheimat. So wollte sie später auch einmal leben. Statt Autolärm wollte sie Hundegebell hören, statt Asphalt Gras unter den Füßen spüren. Hinter dem Haus lag noch ein Bauernhof und dahinter begannen Wiesen und Felder.

»Ach, Großmutter, wie gern bin ich hier.« Sie strahlte.

»Fein, ich auch. Aber wart, da stimmt doch was nicht!« Sie stoppte das Auto, stürzte hinaus, rannte den kleinen Hang hinauf. Die Doggen waren in einem großen Wiesenstück untergebracht, das mit einem stabilen, zwei Meter hohen Zaun mit Maschendraht eingefriedet war. Der Zwinger war mehrfach unterteilt, sodass immer einige Hunde miteinander gehalten wurden. In jedem Auslauf stand eine große Zinkwanne als Tränke. Im Laufen noch ergriff Großmutter einen dicken Stock, während sie laut brüllte: »Samorai, Quintina, Clarissa, werdet ihr wohl.«

Jetzt konnte Anne sehen, was im Zwinger los war, und ihr blieb beinahe das Herz stehen. Die Doggen hatten sich auf ein Bündel gestürzt, das heulte, schrie, beinahe quiekte. Großmutter schwang den Knüppel über den Hunden, die an diesem schreienden Etwas zerrten. Dieses Etwas war ein Hund.

»Loslassen, sage ich, loslassen.« Das Schreien klang verzweifelt. Für einen Augenblick ließen die Hunde tatsächlich von ihrer Beute ab. Anne sah gebannt zu, wie die Großmutter einen massigen, schwarzen Körper, rückwärts laufend, am Halsband hinter sich herschleifte.

Anne war der Großmutter gefolgt und stand unschlüssig und ängstlich am Eingang.

»Schnell, mach die Tür auf«, keuchte Großmutter. Anne riss die Tür auf und sah, wie die Doggen angestürzt kamen.

»Rasch, Großmutter, sie kommen.« Gerade noch rechtzeitig konnte sie die Tür schließen. Großmutter ließ den schwarzen Hund fallen wie einen Sack. »Geschafft.«

»Lass mich zumachen«, keuchte sie und versuchte mit zitternden Fingern den Riegel zu schließen.

»Verflixt, das Tor hat sich verzogen. Anne, stell dich mal dort unten auf die Leiste. Dann wird's gehen.« Mit Hauruck hatten sie schließlich den Riegel vorgeschoben.

»Hört ihr wohl auf, ihr Bestien«, schimpfte die Großmutter und schwang erneut den Knüppel. Die Doggen sprangen geifernd und japsend innen am Maschendraht hinauf. Weiße Zähne blitzten, Schaum flog umher. Die schweren Pfoten, die sich gegen den Draht stemmten, beulten das Geflecht aus.

»Wenn sie durchkommen? Was dann?«

»Der Zaun hält. Ganz sicher. Du brauchst keine Angst zu haben.«

Großmutters Gesicht, eben noch von Anstrengung und Furcht gezeichnet, wandte sich beruhigend der Enkelin zu. Sie kniete sich neben den schwarzen Hund und betastete ihn mit ihren langen, schmalen Händen.

»Hast Glück gehabt, Karo, leben tust du noch.« Der schwere Körper des Rottweilers lag ganz still. Für einen Moment öffnete der Hund jedoch die Augen, als er seinen Namen hörte. Dann seufzte er tief. Die Kehle zeigte eine tiefe Bisswunde, ein Ohr war eingerissen.

»Wenn das alles ist, dann hat er noch mal Glück gehabt. Lass uns mal nachschauen, wie er auf der anderen Seite aussieht.«

Mit lautem Knurren fuhr die Schnauze des Hundes hoch. Die scharfen Zähne fuhren in Großmutters Unterarm. Geistesgegenwärtig, ihren linken Arm trotz der Schmerzen dem Hund überlassend, packte sie Karo mit der Rechten im Genick und schüttelte ihn, soweit sie dieses mächtige Tier schütteln konnte. »Aus!«, schrie sie ihn an. »Aus!« Das Wunder geschah. Der Hund gehorchte und ließ los.

»Verdammter Kerl«, schimpfte sie und rappelte sich auf. »Muss er ihn auch immer wieder in den Zwinger hetzen. Jetzt hat er den Salat.« So schnell, dass Anne kaum folgen konnte, rannte die alte Dame zum Nachbarn hinüber. Der Bauer montierte gerade an seinem Traktor herum.

»Der Karo liegt drüben vor unserem Zwinger. Wenn ich fünf Minuten später gekommen wäre, könnten Sie ihn begraben. Er muss dringend zum Tierarzt. Ich fahre ihn gern mit dem Bus hin. Aber versorgen müssen Sie ihn. Mich hat er schon gebissen. Hier!«

Sie hielt dem Bauern, der noch immer recht uninteressiert mit seinem Werkzeug hantierte, den blutverschmierten Arm unter die Nase.

»Ihre verdammten Köter!«, schimpfte er los. »Das bezahlen Sie!«

»Nichts bezahle ich. Wie kommt Ihr Hund in meinen Zwinger? Und außerdem, wenn Sie jetzt mit mir streiten, statt sich um das verletzte Tier zu kümmern, dann zeige ich Sie an wegen unterlassener Hilfeleistung! Los!« Der Mann machte Anstalten, widerstrebend zu folgen. »Bringen Sie gefälligst eine Plane mit. Wir können den Hund nicht an seinen Beinen fassen und ins Auto laden. Er hat Schmerzen.«

Anne sah die Großmutter bewundernd an. Welche Autorität strahlte sie aus. Den verletzten Arm schien sie nicht zu spüren. Der Bauer, eben noch aufmuckend, eilte bereitwillig hinter ihr her.

»Anne, schnell den Verbandskasten aus dem Auto. Hinter dem Fahrersitz.« Trotz der weichen Knie, die sie eben noch gehabt hatte, konnte sie nun wieder rennen. Großmutters Sicherheit übertrug sich auf sie.

»Hier!«, keuchte sie und warf den Kasten mit dem roten Kreuz neben Karo auf den Rasen. Großmutter öffnete ihn, wühlte darin herum, und Anne sah, wie ihre Hände trotz der äußerlichen Ruhe, die diese Frau ausstrahlte, doch zitterten.

»Hier, das Dreieckstuch.« Mit den Zähnen biss sie die Zellophanhaut auf, nahm das Tuch heraus und legte es so, dass es zu einer schmalen, langen Binde wurde.

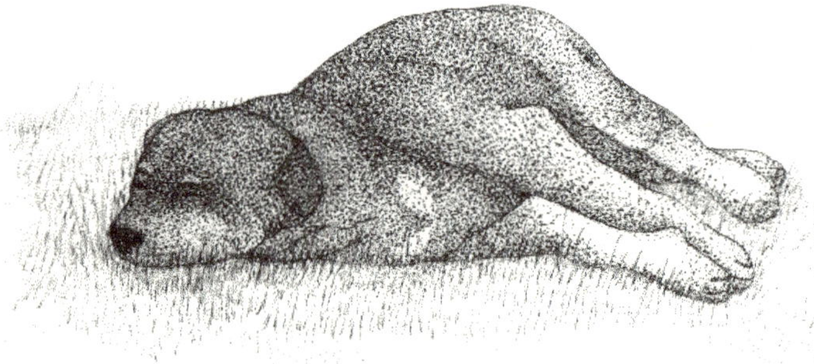

»Stehen Sie nicht so dumm rum. Schieben Sie die Plane hinter seinen Rücken. Wir müssen ihn über den Rücken drehen, damit er drauf zu liegen kommt. Sonst können wir ihn nicht ins Auto laden. Rasch!« Der Mann gehorchte stumm.

»Los, und jetzt am Halsband festhalten.« Karo knurrte drohend, als sie ihm die Binde über die Nase legte, ein Ende unter seiner Schnauze durchzog und am Unterkiefer zu einem Knoten schlang.

»Festhalten, sage ich.« Geschickt wich sie dem Hundekopf aus, der sich gegen diese Zwangsmaßnahme wehren wollte. Sie zog den Knoten fest zusammen. Der Hund knurrte wütend, konnte jedoch das Maul nicht öffnen, um zu beißen.

»So, jetzt packt einer die Vorderbeine und einer fasst hinten zu. Dann vorsichtig über den Rücken drehen.« Der Hund stieß ein schmerzvolles Heulen aus und versuchte wie wild, nach seinen Pflegern zu beißen. Aber das ging nicht. Die Binde hielt das Maul fest verschlossen.

»Himmel, wie haben sie dich zugerichtet!« Anne wurde übel, als sie die klaffende, tiefe Wunde an Karos muskulösem Hinterteil entdeckte.

»Ich hol schnell das Auto. So weit können wir ihn nicht tragen.« Großmutter rannte davon und Anne hörte, wie sie nach Jorinde und Joringel rief.

»Wenn die jetzt hierher kommen«, dachte Anne und wagte nicht daran zu denken. Atemlos lauschte sie und hörte erleichtert, dass die Haustür ins Schloss fiel. Kurz darauf sprang der Motor an. Die Hunde waren also eingesperrt. Geschickt rangierte die Großmutter das Auto so, dass es mit der seitlich geöffneten Schiebetür neben Karo zum Stehen kam. »Sie packen zwei Zipfel, wir jeder einen«, kommandierte sie: »Hauruck.«

Sie schwangen die Plane zu dritt einmal hin und her und ließen sie dann sanft auf den Boden des Wagens gleiten.

»Das wär's erst einmal.« Großmutter stieß einen erleichterten Seufzer aus. »Jetzt los, in die Klinik.« Sie rannte um das Auto herum und warf sich auf den Fahrersitz. »Einsteigen, schnell.« Zum Glück war es zur Klinik nicht sehr weit. Dort angekommen klingelte sie Sturm.

»Rasch, ein Notfall.« Ein Tierarzt, der Großmutter gut kannte, lief zum Auto. Zusammen mit dem Bauern trugen sie den verletzten Hund durch ein paar Gänge direkt in das Operationszimmer.

»So, das hätten wir«, keuchte der Tierarzt, als Karo auf dem Tisch lag.

»Was ist passiert?«, fragte er sachlich.

»Meine Doggen haben ihn verbissen. Irgendwie ist er in den Zwinger gekommen. Wie, das weiß ich noch nicht. Zum Überspringen ist der Zaun eigentlich zu hoch ... Mein freundlicher Nachbar hier hat seinen Hund auf die Doggen ordentlich scharfgemacht. Immer wieder einmal ist er mit ihm außen am Zaun entlanggelaufen und hat ihn aufgehetzt. Sie kennen ja Rottweiler. Die sind mutig und gehorsam. Mein Nachbar kann meine Doggen nicht leiden. Ich habe ihn immer wieder gewarnt, er solle seinen Hund nicht unbeaufsichtigt von der Kette lassen. Wenn sie ihn erwischen, dann geht's ihm schlecht. Der Beweis liegt hier auf dem Tisch. Karo ist als Fremdling in ihr Revier eingedrungen. Als geschlossenes Rudel haben sie sich auf ihn gestürzt. Wenn ich fünf Minuten später ...« Sie zuckte die Achseln.

Der Tierarzt entdeckte Großmutters Unterarm.

»Frau Schubert, zeigen Sie mal her. Das sieht ja bös aus.« Er betastete den geschwollenen, blau unterlaufenen Arm. Die Stellen, an denen Karos Zähne eingedrungen waren, traten deutlich als rote Löcher mit schwärzlichem Rand drum herum zum Vorschein. Zudem war die Wunde blutig und verschmutzt. Der Tierarzt drückte prüfend am Arm herum.

»Sind Sie närrisch, Doktor«, fuhr Großmutter ihn an. »Ich bin doch kein Stück Holz.«

»Entschuldigen Sie, ich habe nur diese Wunde bewundert. Jeder Laie hätte in seiner Panik versucht den Arm wegzuziehen. Das Ergebnis wäre eine tiefe, klaffende Fleischwunde gewesen. Schau her, Mädchen«, damit wandte er sich an Anne, »dadurch, dass deine Großmutter ihren Arm im Hundemaul gelassen hat, sind's nur ein paar tiefe Einstichlöcher von den Zähnen geworden. Dazu eine ordentliche Quetschung. Machen Sie mal eine Faust.« Großmutter gehorchte.

»Die Sehnen sind in Ordnung.« Er nickte beruhigt. »Wann sind Sie gegen Wundstarrkrampf geimpft worden?«

»Letzten Monat.«

»O. K. Aber auswaschen sollten Sie die Wunde. Hunde nagen an verfaulten Knochen herum. So etwas tut einer Wunde nicht sehr gut.«

»Mach ich. Komm, Anne, wir gehen.« Sie hatte es plötzlich sehr eilig, ins Auto zu kommen.

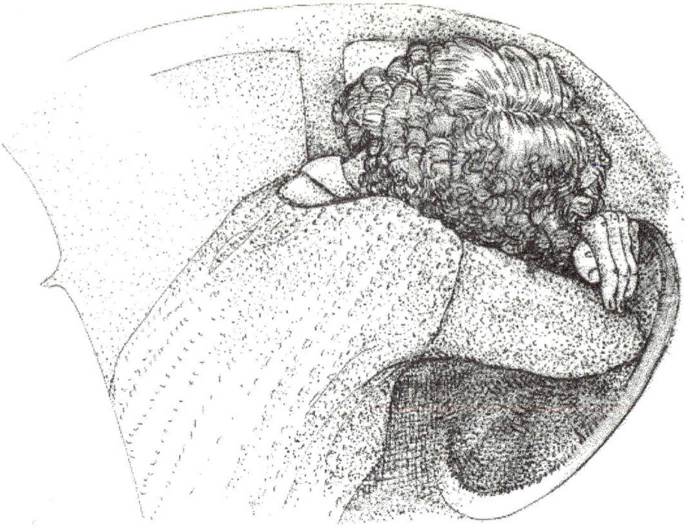

Dort war es mit ihrer Disziplin vorbei. Die Unterarme aufs Steuer gelegt, den Kopf drauf ruhend, brach sie in hemmungsloses Schluchzen aus.

Anne saß daneben, fassungslos und staunend darüber, dass auch Erwachsene weinen konnten. Gleichzeitig war es ihr peinlich, die Großmutter so zu sehen, beinahe, als habe sie etwas Unanständiges an ihr entdeckt. Trotzdem drängte es sie danach, die schmalen Schultern dieses geliebten Menschen zu streicheln. Zögernd legte sie ihre Linke um die Schulter.

»Großmutter, nun wein doch nicht. Es wird ja alles wieder gut«, hörte sie sich trösten. Ganz so, als sei die Großmutter vier und nicht sechzig Jahre alt.

»Ja«, schnupfte die, »gleich ist's vorbei.« Sie hob den Kopf, starrte geradeaus und betätigte den Scheibenwischer. Anne stutzte. Großmutters Schluchzen ging unvermittelt in ein lautes, beinahe hysterisches Lachen über: »Kind, mein Taschentuch! Statt mir die Augen zu wischen, hab ich den Scheibenwischer angemacht. Erzähl das bloß keinem. Die denken sonst, ich habe nicht mehr alle Tassen im Schrank.«

Dann trocknete sie sich sorgfältig die Augen, stellte den Rückspiegel so ein, dass sie sich darin betrachten konnte, und ordnete ihre kurz geschnittenen, grau melierten Haare.

»Weißt du, Anne, meine Mutter war eine sehr gepflegte, stolze, disziplinierte Frau. Noch mit achtzig lief sie kerzengerade ohne Stock. Sie sagte immer: ‚Die äußere Haltung ist ein Spiegel des Inneren. Wer sein Äußeres pflegt, der pflegt auch seine Seele.' Ob das immer stimmt, bezweifle ich. Wenn sie mich jetzt sähe! Aber was Wahres ist sicher dran.«

Sie startete den Motor. »So, jetzt geht's heim. Diese Beißerei hat meinen ganzen Zeitplan durcheinandergeworfen. Jetzt müssen wir tüchtig ran, um die Zeit wieder einzuholen.« Von ihrem Arm sagte sie kein Wort, obwohl Anne deutlich spürte, dass sie Schmerzen hatte.

Züchtergespräche

»Was kann ich tun?«, fragte Anne, die der Großmutter helfen wollte. »Du kannst die beiden Junghunde bürsten, die Leinen und Halsbänder fetten, mir heute Abend beim Fleischschneiden helfen … Ich finde schon Arbeit für dich. Wo du doch jetzt eine behinderte Großmutter hast. Eigentlich wollte ich ja noch Xenia und Aristoteles mitnehmen. Aber Xenia ist nicht so wichtig. Die ist schon mal bewertet worden. Und Aristoteles! Was mit dem in letzter Zeit los ist, weiß ich nicht. Den habe ich im letzten Jahr als Deckrüden gekauft. Der Hund ist Spitzenklasse, hat beinahe keinen Fehler, einen phantastischen Kopf, ist sehr groß, alles stimmt an ihm. Aber wenn ich mit ihm im Ring bin, steht er da wie ein nasser Lappen. Er kann sich einfach nicht präsentieren, ist kein Schauhund. Dabei ist er so gut.« Sie zuckte die Achseln.

»Ja, aber die Züchter, die müssten seine Qualitäten doch sehen?«, überlegte Anne.

»Manche tun das auch. Aber viele lesen die Ausstellungsberichte in den Fachzeitschriften und orientieren sich an ihnen. Wenn ein Hund dort eine schlechte Bewertung bekommt, dann ist er nicht gefragt.«

»Und seine Kinder, sind die gut?« Anne war begierig, möglichst viel zu wissen.

»Da kann man noch nicht viel sagen. Der erste Wurf

ist drei Monate alt. Da können sie sich noch sehr verändern. Bisher bin ich mit dem Wurf ganz zufrieden. Zum Glück sind von den sechsen schon fünf versprochen. Drei der neuen Besitzer haben schon einmal einen Hund bei mir gekauft. Alle drei haben diesmal einen unkupierten bestellt. Ich muss mich erst an die Schlappohren gewöhnen. Aber lustig sehen sie aus.«

»Sag, Großmutter, bist du etwa fürs Kupieren? Ich finde, man sollte die Hunde so lassen, wie sie von Natur aus sind.«

»Du hast Recht und Unrecht zugleich. Natürlich ist es für die Kleinen nicht angenehm, wenn man ihnen die Hälfte der Ohren abschneidet. Zwar geschieht das in Narkose, aber hinterher tut es doch noch weh. Man muss die Ohren medizinisch versorgen, sorgfältig wickeln und verbinden, damit sie später schön stehen. Das ist nicht nur für die Hunde unangenehm, es bedeutet für den Züchter viel mehr Arbeit und Kosten. Züchter von nicht kupierten Rassen können ihre Jungen mit acht oder zehn Wochen abgeben, denn dann brauchen sie die Muttermilch nicht mehr. Einen kupierten Hund sollte man erst dann weitergeben, wenn die Ohren richtig stehen. Und das kann bis zu vier Monaten dauern. Nun zu deiner Bemerkung, man solle Hunde so lassen, wie sie die Natur gemacht hat. Die Hängeohren der Hunde sind nichts Natürliches. Alle Vorfahren unserer Hunde hatten Stehohren. Der Mensch hat in die Natur eingegriffen, indem er Hunde mit Hängeohren züchtete. Stehende Ohrmuscheln sind für den Hund sehr viel praktischer. Sie können nicht nur Schallwellen besser auffangen, sie sind auch bei Beißereien lange nicht so gefährdet wie Hängeohren. Du solltest mal sehen, mit welcher Wonne sich die Junghunde gegenseitig in diese herunterhängenden Lappen beißen. Wie schnell ist da so ein Ohr ausgefranst. Ein anderer Nachteil der Hängeohren ist außerdem, dass sich in der feuchten Wärme Ohrmilben rasch vermehren und viele Hunde unter Ohrenzwang leiden. Du siehst also, das Kupieren ist nicht nur eine Modeerscheinung. Mir wäre es am liebsten, die Doggen kämen gleich mit Stehohren zur Welt.« Großmutter hielt.

»Na, Anne, was ist? Willst du nicht aussteigen?« Anne zögerte, bevor sie antwortete.

»Du, ich fürchte mich. Die Beißerei von vorhin. Ich wusste gar nicht, wie gefährlich die Hunde sein können.«

»Doggen sind nicht gefährlicher als andere große Hunde. Wie soll ich dir den Vorfall erklären?« Sie überlegte. »Wenn du einen einzelnen Hund hast, dann bist du sozusagen sein Leithund. Vorausgesetzt, er hat Respekt vor dir und gehorcht dir. Sind es jedoch mehrere, so bilden sie ein Rudel. Von ihrem Instinkt her verteidigen sie ihr Revier oder machen miteinander Beute, wenn es etwas zu jagen gibt. Mir war vorhin überhaupt nicht wohl, als ich Karo retten wollte. Sie kennen mich zwar und anerkennen mich auch als ›Rudelführer‹. Jedenfalls, solange sie mich auf zwei Beinen sehen, denn so kennen sie mich. Wäre ich jedoch beim Rückwärtslaufen gestolpert und hingefallen, dann wäre ich ihnen vielleicht als Beute erschienen. Daher mein Rat: Vergiss nie, dass Hunde Jäger sind. Renne also nicht davon, denn dadurch reizt du sie zum Hetzen. Bist du in Not, so schrei sie an, sie sollen ›Sitz‹ oder ›Platz‹ machen. Die Kommandos haben sie bestimmt irgendwann einmal gelernt. Wenn du Glück hast, gehorchen sie dir. Wenn du wegläufst, kriegen sie dich immer! Angst musst du keine haben. Leichtsinnig darfst du allerdings mit großen Hunden nie umgehen. Bei all deinen Handlungen darfst du niemals vergessen, dass Hunde einen Instinkt haben und auf bestimmte Reize reagieren. Nun los, Jorinde und Joringel nehmen wahrscheinlich inzwischen die Wohnung auseinander.«

Das Geschlechtsleben von Rüde und Hündin

Im Alter zwischen neun und fünfzehn Monaten verändert sich das Wesen des jungen Rüden. Bisher war er anschmiegsam und folgsam. Dann kommt er ins Flegelalter. Er wird geschlechtsreif und ist nun nicht mehr ausschließlich auf sein Herrchen fixiert. Manche werden mürrisch, unkonzentriert oder aufsässig und folgen nicht mehr richtig. Man hat das Gefühl, sie können sich selbst nicht leiden. In dieser Zeit der Geschlechtsreife wird die Geduld des Besitzers auf eine harte Probe gestellt. Man darf die Unfolgsamkeit nicht durchgehen lassen. Andererseits sollte man ihn nicht zu streng anpacken, denn er ist mit diesem Zustand selbst nicht zufrieden. Du musst viel mit ihm spielen, spazieren gehen und dich um ihn kümmern. Das Alter, in dem Deckrüden zur Zucht zugelassen werden, ist bei kleineren Rassen zwölf Monate, bei größeren liegt es bei achtzehn Monaten. Schon vor der Geschlechtsreife beginnt er sich beim Bächleinmachen nicht mehr hinzusetzen, sondern das Bein zu heben.

Ein ausgewachsener Rüde wittert eine läufige Hündin auch über größere Entfernungen. Er wird jede Gelegenheit benützen, um zu ihr zu gelangen. Sperrt man ihn ein,

so jault er stundenlang. Er kratzt an den Türen und entwischt, sobald er ohne Aufsicht ist. Trifft er eine frei laufende läufige Hündin, so umwirbt er sie heftig.

Er fordert sie zum Spielen auf, leckt sie zärtlich und schmust mit ihr. Meist ist er bei dieser Werbung jedoch nicht allein. Andere Rüden schwärmen ebenfalls für die Dame. Es kommt zu Raufereien, die jedoch meist harmlos ausgehen. Solange die Hündin noch nicht steht, lässt sie den Rüden zwar aufreiten, beißt ihn jedoch unmissverständlich weg. Der Rüde nimmt das respektvoll zur Kenntnis und wirbt weiter. In der Hochbrunst lässt sich die Hündin decken. Auch ein beträchtlicher Größenunterschied muss kein Hinderungsgrund sein. Wir hatten einmal einen Wurf von dreizehn Basset-Mischlingen. Die Mutter war ein Riesenschnauzer.

Nach dem Einführen des Gliedes in die Scheide schwillt der Penis an. Gleichzeitig schließt sich die Muskulatur der Vagina fest um das männliche Glied. Die Hunde »hängen«, wie der Fachmann sagt. Diese Situation ist für beide recht unangenehm. Sie streben auseinander, können sich jedoch nicht trennen. Viele Menschen versuchen die Hunde mit Fußtritten, Schlägen oder einem Guss kalten Wassers zu trennen. Das ist jedoch Tierquälerei, denn die beiden können nicht auseinander. Dieses Hängen dauert unterschiedlich lang, manchmal bis zu einer halben Stunde. Für das Befruchtungsergebnis ist die Länge der Zeit unbedeutend.

Mit dem üblichen Beinheben markiert der Rüde sein Revier. Er ist bestrebt, die Duftmarken seiner Rivalen zu überspritzen. Gleichzeitig bedeutet das Beinheben für den anderen Rüden das Signal: Ich bin hier gewesen. Die Rüden lassen sich beim Studieren dieser Post viel Zeit.

Bei der Hündin tritt die Geschlechtsreife ungefähr um die gleiche Zeit ein wie beim Rüden. Auch hier spielen Rasse und Größe eine Rolle. Vor der Läufigkeit wird die Hündin unruhig und beginnt zu streunen. Manche werden in dieser Zeit jedoch auch anhänglicher. Ist die Hündin läufig, so merkt man das rasch. Sie putzt sich die Scheide, die etwas geschwollen ist und blutet.

Große Hündinnen bluten stärker, sodass der Teppich hässliche Flecken bekommen kann, wenn man ihn nicht sofort mit kaltem Wasser putzt. Obwohl die Hündin drei Wochen lang läufig ist, dauert die eigentliche Brunst nur ein bis drei Tage. Im allgemeinen steht die Hündin vom zehnten bis zum dreizehnten Tag. Streicht man ihr in dieser Zeit über den Rücken und knickt sie dabei den Schwanz seitlich weg, dann ist sie zur Hochzeit bereit.

Manche Hündinnen sind jedoch schon am vierten Tag oder erst am achtzehnten Tag mit dem Deckakt einver-

standen. Deshalb gehört eine Hündin während der ganzen Läufigkeit strikt an die Leine. Das gilt auch für eine Zuchthündin, die erfolgreich beim Deckrüden war. Es kann durchaus vorkommen, dass eine Hündin am nächsten Tag von einem anderen Rüden gedeckt wird. Da die Hochbrunst ein paar Tage lang dauert, sind nicht alle Eier zur gleichen Zeit reif. Eine Hündin kann deshalb einen gemischten Wurf aus reinrassigen und Mischlingshunden zur Welt bringen.

Nach einer unerwünschten Hochzeit kann man der Hündin beim Tierarzt eine sogenannte Abtreibungsspritze geben lassen. Damit ist zwar die Schwangerschaft unterbrochen, ungefährlich ist die Spritze jedoch nicht. Viele Hündinnen bekommen kurze Zeit später eine Gebärmutterentzündung. Auch die vorbeugende Spritze gegen eine Läufigkeit bewirkt bei vielen Hündinnen dieselbe körperliche Reaktion. Am gesündesten für die Hündin ist und bleibt es, wenn wir aufpassen.

Es gibt allerlei Sprays und Deodorants auf dem Markt, mit denen man angeblich den Rüden von der Hündin fernhalten kann. Diese Mittel haben nur eine geringe Wirkung. Nützen tun sie eigentlich nur dem Hersteller.

Hat man eine Zuchthündin, die man decken lassen möchte, so sucht man sich den Rüden seiner Wahl beizeiten aus. Am besten ruft man den Rüdenbesitzer zu Beginn der Läufigkeit an und sagt ihm Bescheid, dass es bald soweit ist. Steht die Hündin, so fährt man mit ihr zum Auserwählten. Über den Preis des Deckgeldes hat man schon vorher verhandelt. Manche Rüdenbesitzer nehmen statt Geld einen Welpen ihrer Wahl. Nach der Bezahlung hat man ein Recht auf eine Deckbescheinigung. Nur mit ihr werden später die Welpen eingetragen. Alle Bestimmungen über Zucht- und Zwingerwesen erfährt man beim HDV.

Adresse:
Offizielles Organ des Verbandes
für das deutsche Hundewesen e.V. (HDV)
Hoher Wall 20
44137 Dortmund, Postfach 13 90

Zwingeralltag

Für Anne gab es nun viel zu tun. Großmutters verletzter Arm schwoll an und schmerzte. Großmutter beteuerte zwar, dass es halb so schlimm sei, aber Anne spürte, wie sie sich zusammennahm. Die beiden Junghunde, allein in der Wohnung, hatten mit Genuss Zeitung gelesen: Die Wohnung war übersät mit Papierschnipseln.

»Himmel, wenn sie die Ahnentafeln erwischt haben! Dann können wir gleich zu Hause bleiben!« Großmutter lief ins Wohnzimmer. Ein Glück. Der Ordner lag auf dem Bücherregal und war unversehrt!

»Wenn die Abstammungspapiere für einen Hund fehlen, ist der Hund für den Züchter wertlos, denn ohne Papiere darf man nicht züchten«, erklärte sie Anne. »Welch ein Glück, dass sie die nicht erwischt haben. Sonst hätte ich denen vom Klub weismachen müssen, mein Haus sei abgebrannt und die Papiere obendrein.«

»Ja, ihr seid die Besten.« Sie klopfte die beiden Hunde erleichtert. »Eigentlich gehört euch eine Tracht Prügel, so, wie es hier aussieht, aber ihr werdet das gute Benehmen noch lernen.«

Zu Anne gewandt, erklärte sie: »Bei mir kommen meistens nur die älteren Hunde ins Haus. Die Jungen brauchen Auslauf, müssen miteinander raufen und spielen. Außerdem sind sie viel gesünder und abgehärteter, wenn sie viel draußen sind. Sie schlafen sogar im Winter ziemlich kalt im Untergeschoss in einem Kellerraum. Dort haben immer zwei zusammen eine große Holzkiste, die dick mit Stroh gepolstert ist. Sie bekommen dann eine richtig dicke Unterwolle. Zwar sind sie dann nicht so kurzhaarig wie andere Doggen, dafür erkälten sie sich weniger. Nur der Raum, in dem die Wurfkiste steht, ist heizbar. Dort hängt dann im Winter eine Rotlichtlampe, damit die Kleinen nicht frieren.«

Während sie erzählte, hatten sie zusammen die Schnipsel vom Boden aufgesammelt. »Nun rasch den Staubsauger, dann ist alles wieder in Ordnung«, sagte Großmutter und Anne saugte einmal durch.

Anschließend gingen sie zusammen in die Küche. Dort stand ein riesiger schwarzer Topf mit Hundefleisch auf dem Herd: »Heute musst du schneiden. Mit meinem Arm geht das nicht. Nimm vorher den Stahl und wetz das Messer. Mit einem scharfen Messer ist es halb so schlimm. Heute gibt es Euter und Pansen!«

Anne holte mit einer großen Vorlegegabel ein Stück nach dem anderen aus der Brühe, schnitt es auf einem großen Holzbrett in große Würfel und verteilte es nach Anweisung der Großmutter in die verschiedenen Futterschüsseln.

»Puh, das macht warm.« Sie strich sich mit dem Handrücken über die Stirn.

»Es macht nicht nur warm, es strengt auch ziemlich an«, bestätigte die Großmutter. »Ich bekomme vom Schneiden immer wieder mal eine Sehnenscheidenentzündung an der rechten Hand. Manchmal habe ich solche Schmerzen, dass ich das Messer kaum halten kann.«

»Warum fütterst du das Zeug nicht roh?«, fragte Anne.

»Roh lässt es sich noch schlechter schneiden. Und wenn ich es ungeschnitten in den Zwinger werfe, gibt es eine fürchterliche Beißerei. Und außerdem bekommen immer die Stärksten am meisten ab, und die Schwächeren, die man päppeln sollte, gehen leer aus.« Anne warf das Messer auf den Tisch.

»Fertig«, sagte sie. »Was nun?« Großmutter wies auf einen Papiersack in der Ecke.

»In jede Schüssel füllst du nun einen Messbecher Trockenfutter. Über das Ganze kommt die heiße Brühe. Dann gibst du in jede Schüssel einen Esslöffel Knochenmehl, eine Messerspitze Zitronensäure und eine Prise Salz. Umrühren und fertig. Danach müssen wir noch verteilen.«

»Warum bekommen die Hunde keine richtigen Knochen?«

»Das ist dasselbe Problem wie beim Fleisch. Sie zanken sich ständig, wenn einer einen Knochen hat. Für die Zähne wäre es zwar gesund. Aber ich gebe ihnen zum Reinigen der Zähne hin und wieder einen Hundekuchen. Wichtig ist die regelmäßige Zahnkontrolle. Ich weiß immer, wann meine Welpen die Milchzähne verlieren, ob einer Zahnstein hat, ob die Stellung richtig ist und all dies. Meine Hunde sind von klein auf gewöhnt, dass ich ihnen ins Maul schaue. Deshalb habe ich auf Ausstellungen auch keine Probleme, wenn der Richter das Gebiss kontrolliert. Wenn ich auf Schauen sehe, wie manche mit ihren Hunden kämpfen müssen, bis die ihre Beißerchen zeigen! Du wirst das morgen erleben.

Nimm du zwei Schüsseln für die Junghunde. Vor denen fürchtest du dich sicher nicht. Ich bring' erst einmal Aristoteles was. Die anderen kommen danach dran.«

Die Junghunde kamen freudig kläffend ans Tor gerannt, als sie Anne sahen. Ihre dicken Pfoten und die großen Köpfe schienen nicht zu den schmalen, beinahe mageren Körpern zu passen. An Schulter und Brust hing die Haut in losen Falten. Es schien, als wäre sie ihnen noch zu groß. Anne setzte die Schüsseln ab und öffnete die Tür. Dann stellte sie die beiden Näpfe möglichst weit voneinander entfernt auf den Boden. Gierig stürzten sie sich auf das Futter, drängelten sich gegenseitig weg, um die besten Happen zu erwischen. Sie schlappten und schlangen. Anne sah ihnen versunken zu. Was für ein schöner Anblick, diese hungrigen Jungtiere. So etwas müsste man haben! Sie liebkoste die Tiere mit ihren Augen. Wie wunderbar die tiefdunkle Gesichtsmaske zu dem hellen, dennoch kräftigen Ocker des Körpers passte. Die kupierten Hunde trugen einen festen Leukoplastverband um die Ohren, sodass diese aussahen wie spitze Hörner. Vorsichtshalber hatte die Großmutter die Ohren zusätzlich durch einen Leukoplaststreifen miteinander verbunden. So war sie sicher, dass die Ohren aufrecht standen. Wie Kinder mit einem Kopfverband sahen sie aus, fand Anne. Die dicken Falten auf der Stirn gaben dem Gesicht einen melancholischen, gleichzeitig aber auch verschmitzten Ausdruck. Sie hatten ein bisschen was von einem Clown. Als die Kleinen aufgefressen hatten, musste Anne die Jungen erst einmal streicheln. Es kribbelte ihr nahezu in den Fingern, diese weiche Babyhaut zu berühren. Zwar

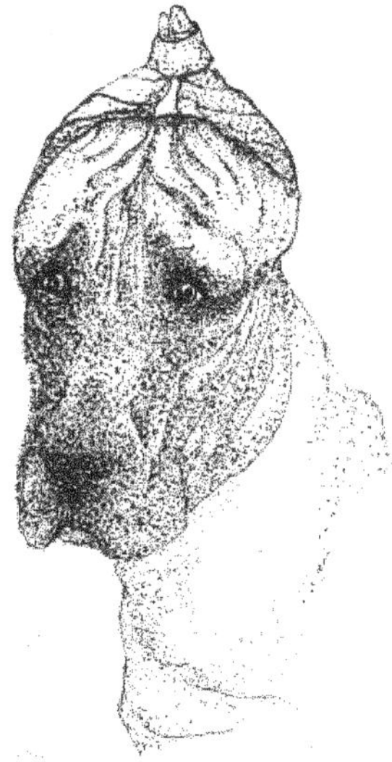

ahnte man jetzt schon die Festigkeit der Muskeln, die diese Hunde einmal haben würden. Aber noch waren sie große Hundebabys mit weicher Haut und feinen, duftenden Haaren. Bald würden auch sie den typischen Hundegeruch an sich haben, noch aber umgab sie der zarte, beinahe süße Milchgeruch, den auch Säuglinge an sich haben. Anne ging in die Hocke, um nicht so bedrohlich groß zu wirken. Die Jungen kamen sofort tapsig auf sie zugestürmt, versuchten ihr das Gesicht zu lecken, zerrten mit ihren nadelspitzen Zähnen an ihrer Bluse, bissen in die Schuhbänder. Anne murmelte Liebkosungen und genoss dabei mit ihren Händen die weiche Zartheit dieser jungen Tiere. Schließlich schreckte sie hoch. Die Großmutter rief.

Erschrocken sprang Anne auf. Rasch waren die restlichen Näpfe verteilt.

»Wenn sie fertig sind, kommen sie ins Haus auf ihre Schlafplätze. ›Nach dem Essen sollst du ruhn‹«, zitierte die Großmutter.

»Warum?«, wollte Anne wissen.

»Ich hab immer Angst, dass sie nach dem Fressen anfangen zu toben. Und dann bekommen sie leicht eine Magenumdrehung. Seit ich Jessika dadurch verloren habe, bin ich in dieser Hinsicht sehr vorsichtig.«

»Magenumdrehung, was ist denn das?«

»Ich will versuchen, es dir auf meine einfache Weise zu erklären. Der Hundemagen ist an zwei ›Seilen‹ aufgehängt. Vorn mündet der Magen in die Speiseröhre, hinten in den Dünndarm. Ist nun der Magen mit Futterbrei gefüllt und der Hund tobt herum, so kann es passieren, dass sich dieser gefüllte Sack überschlägt und die beiden Enden abgedreht werden. Als Beispiel: Du hast einen Luftballon aufgeblasen und willst ihn zuknoten. Damit keine Luft entweicht, drehst du das Mundstück zu einem Seil zusammen und machst erst dann einen Knoten. Hat sich der Hundemagen verdreht, so kann nichts mehr hinein und nichts mehr heraus. Die verdrehten Enden werden nicht mehr durchblutet und sterben ziemlich schnell ab. Außerdem beginnt der Mageninhalt zu gären. Durch diese Gasbildung bekommt der Hund große Schmerzen. Meist ist es dann schon zu spät. Wenn man es rechtzeitig merkt, kann der Hund operiert werden. Bei Jessika damals habe ich es zu spät gemerkt. Seither bekommen meine Hunde nach dem Essen drei Stunden Bettruhe verpasst: Quintina, Samorai, ihr seid fertig. Ab ins Haus.«

Sie öffnete die Zwingertür. Die Hunde folgten ihr freundlich wedelnd. Anne konnte sich kaum vorstellen, dass sich diese freundlichen Tiere noch vor ein paar Stunden wie rasende Bestien benommen hatten. Zufrieden seufzend legten sie sich in ihre Schlafkojen.

»Aristoteles darf mit ins Haus. Männer wollen verwöhnt sein.« Sie zwinkerte Anne zu. »Im Ernst. Er braucht unwahrscheinlich viel Ansprache und muss bemuttert werden wie ein kleines Kind. Komm, du Pascha.«

»Warum ist er alleine? Darf er nicht zu den Hündinnen?«

»Manchmal schon. Aber ich glaube, Quintina wird bald läufig. Dann macht er zu viel Unruhe bei den Hündinnen.« Sie streichelte seinen schwarzen Kopf. »Komm.« Würdig schritt der Hund neben ihnen her. Im Wohnzimmer sprang er sofort auf die Couch, streckte sich genüsslich aus und legte den breiten Kopf auf die Armlehne. Mit den Augen folgte er interessiert jeder Bewegung der Großmutter.

»So richtig feinen Besuch kann ich nicht zu mir einladen«, lachte sie. »Überall sind Hundehaare. Aber wer sich dran stört, ist selbst schuld. Und jetzt machst du uns was zu essen. Ich bade inzwischen meinen Arm. So dick und blau, wie er ist, traue ich mich morgen gar nicht in den Ring.« Sie betrachtete prüfend ihren Unterarm. Als blau konnte man die Wunde nicht mehr bezeichnen. Die Quetschung war beinahe schwarz. »Wenn ich den Arm so lasse, wie er ist, glauben alle Leute, ich hätte Raubtiere zu Hause. Verbinde ich ihn, dann sieht er aus wie ein Hetzärmel, und alle Schutzhunde werden sich dran versuchen wollen. Das Beste wird sein«, lachte sie, »du führst die beiden vor.«

»Werde ich das denn können?« Annes Herz klopfte. Die Vorstellung, einmal im Ring zu laufen, nicht nur außen zu stehen, also ganz richtig dazuzugehören, machte sie sehr aufgeregt.

»Klar kannst du das. Wir werden es nach dem Essen üben. Dann weißt du morgen, worauf es ankommt. Vielleicht ist das sogar eine ganz gute Idee. Wenn ich draußen, außerhalb des Vorführrings, stehe, sind sie vielleicht aufmerksamer, als wenn ich sie selbst an der Leine habe.«

»Und wenn ich etwas verkehrt mache?«

»Dann reißen dir die Richter den Kopf ab. Auf der Stelle!«

Um ihre Aufregung zu unterdrücken, lief Anne eifrig hin und her, legte Holzbrettchen auf den Tisch, schnitt Brot ab, kramte im Kühlschrank.

Schließlich fiel ihr etwas anderes ein: »Sag, Großmutter, wie kommst du auf die Namen Jorinde und Joringel?«

»Ganz einfach. Die beiden sind aus dem J-Wurf. Da haben mir die beiden Namen aus dem Märchen gefallen.«

»J-Wurf?«

»Wenn du anfängst zu züchten, meldest du beim Klub deinen Zwingernamen an. Meine Hunde heißen alle ›vom Burkhardtshof‹. Das ›von‹ hat mit Adel nichts zu tun. Der Name ist sozusagen dein amtliches Markenzeichen. Beim ersten Wurf beginnen alle Welpen mit A, beim zweiten mit B und so weiter. Schwierig wird's bei X und Z. Wenn du da sechs Welpen hast, musst du dir ganz schön den Kopf zerbrechen. Deshalb gibt es so viele Rassehunde, die mit A anfangen. Die meisten Leute, die das Züchten einmal versuchen wollten, geben nach dem ersten Wurf auf, weil sie sehen, dass Hundezucht viel mit Arbeit zu tun hat.«

Die tägliche Pflege

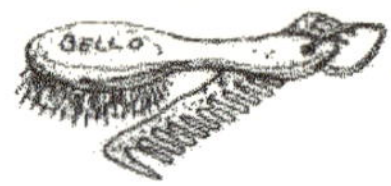

Es gibt Menschen, die schütteln sich bei dem Gedanken, einen Hund im Haus zu halten. »So ein Hund stinkt«, behaupten sie.

Sicherlich, der Hund hat einen eigenen, etwas strengen Geruch. Besonders deutlich bemerkt man dies, wenn das Fell nass ist. Ein einsamer Zwingerhund, der in seiner Hütte mit halb verfaultem Stroh tagein, tagaus allein gelassen wird, stinkt tatsächlich. Ein gepflegter Hund, der täglich gebürstet wird, riecht für meine Nase ausgesprochen angenehm. Leider können wir unseren Hund nicht fragen, ob er mit unserem Geruch einverstanden ist. Die Redewendung »den kann ich nicht riechen« trifft sicherlich auch für manchen Hund in Bezug auf Menschen zu.

Die Pflege des Haares ist je nach Rasse und Fellstruktur sehr unterschiedlich. Wie schon im Kapitel »Aussteuer« erwähnt, gibt es für verschiedene Haarlängen verschiedene Bürsten und Kämme. Die Borsten und Zinken dürfen niemals hart oder spitz sein. Man verletzt mit

ihnen die Haut des Hundes. Gebürstet wird grundsätzlich »mit« dem Strich. Man beginnt sanft am Kopf, geht dann über zu Rücken und Lende. Danach kommen der Bauch, die Brust und die Beine an die Reihe. Nach Möglichkeit bürstet man den Hund im Freien. Besonders angebracht ist dies bei Schmutzwetter nach einem Spaziergang! Man vermeidet so, dass er Blätter, Erde oder feinkörnigen Schotter in die Wohnung trägt. Nach einem nassen Herbstspaziergang sollte man ihm die Pfoten abwaschen, bevor er die Wohnung betritt. Bei niedrigen Rassen trocknet man den Unterbauch mit einem alten Handtuch ab und bürstet ihn hinterher durch.

Im Frühjahr und im Herbst klagt manche Hausfrau über die vielen Hundehaare in der Wohnung. Zu dieser Zeit wechselt der Hund sein Fell. Die alte Unterwolle wird abgeworfen. Im Frühjahr verliert der Hund seinen Winterpelz, im Herbst wechselt er seine Sommerjacke gegen die wärmende, dichtere Unterwolle des Winterfelles. An dieser »haarigen Zeit« kommt kein Hundebesitzer vorbei. Du kannst deiner Mutter jedoch helfen, indem du deinen Hund in dieser Zeit länger und gründ-

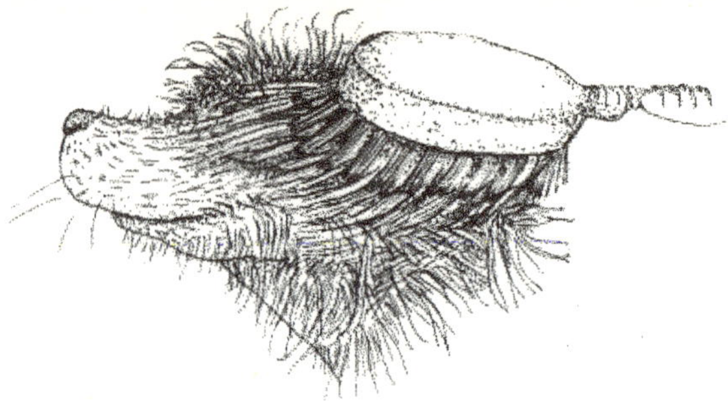

licher bürstest. So ist der Haarwechsel rascher überstanden. Manche Hunde lieben das Bürsten, andere müssen jeden Tag zum Stillhalten überredet werden. Sprich mit deinem Hund, lobe und streichle ihn. Je geduldiger und sanfter du anfangs mit ihm umgehst, umso lieber wird er sich diese Toilette gefallen lassen. Das *Baden* in der Wanne ist den meisten Hunden ein Gräuel. Sie ängstigen sich davor und versuchen mit allen Mitteln dieser Prozedur zu entgehen. Sie haben Recht damit! Das Baden in der Wanne ist nicht gesund. Das warme Seifenwasser macht die Haut schlaff und weich. Auch das Haar leidet darunter. Es wird stumpf und struppig. Mancher Hundefreund meint, sein Pudel müsse regelmäßig gebadet werden. Das stimmt nicht! Man sollte ihn nur baden, wenn es unumgänglich ist. Hat er sich etwa beim Spaziergang in Aas gewälzt, so bleibt einem kaum eine andere Möglichkeit.

Der Boden der Wanne sollte auf jeden Fall mit einer Gummimatte ausgelegt sein, damit das Tier einen festen Stand hat. Ein Hund, der in seiner Panik in der glatten Wanne ausrutscht und untertaucht, lässt sich nicht noch einmal in die Wanne heben. Am besten lässt man das Wasser vorher einlaufen. Es sollte nicht wärmer als 35° C sein. Zu kaltes Wasser ist genauso schädlich wie zu

heißes. Das Wasser darf dem Hund höchstens bis zum Bauch reichen. Nun hält man ihn unter gutem Zureden mit der Linken fest. Mit der Rechten schöpft man das Wasser und macht das Fell gründlich nass. Der Kopf darf nur mit einem ausgedrückten Schwamm oder einem Waschlappen gewaschen werden. Achtung bei Ohren und Augen! In die Ohren darf kein Wasser eindringen, denn im Gehörgang sitzt der Gleichgewichtssinn. Hundeaugen sind ebenso empfindlich wie Menschenaugen. Shampoo oder Seife brennt genau wie bei dir. Im Handel werden viele verschiedene Shampoos angeboten. Am besten eignet sich ein ölhaltiges Flüssigshampoo. Es trocknet die Haare nicht so stark aus. Normale Toilettenseife ist für das Fell schädlich. Meist ist die parfümiert, was dem Hund auch nicht gefällt. Nachdem man das Shampoo auf dem Fell verteilt hat, wird es tüchtig einmassiert. Ist der erste Schaum sehr schmutzig, so spült man den Hund ab und seift ihn erneut ein. Zum Schluss wird das Fell mit der Handbrause sorgfältig von allen Seifenresten befreit. Du darfst ruhig auch gegen den Strich spülen, vorausgesetzt, der Hund bekommt kein Wasser ins Gesicht. Danach wird er kurz mit kaltem Wasser geduscht. Das stärkt den Kreislauf und härtet ihn ab. So erkältet er sich nicht so leicht. Bist du fertig, bleibt er in der Wanne, bis er sich kräftig geschüttelt hat. Manche Hunde schütteln sich besonders gern in der Wohnung, als wollten sie sich für die unangenehme Wäsche rächen.

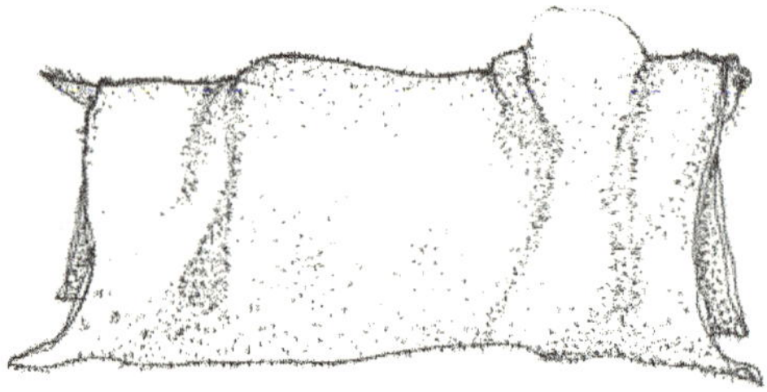

Nun trocknest du den Hund mit einem großen Handtuch ab und bringst ihn in einen zugfreien, geheizten Raum und föhnst ihn trocken. Nicht alle Hunde mögen das summende Geräusch des Föhns, du solltest also versuchen ihn zum Stillhalten zu überreden. Beim Föhnen bürstest du ihn. So verfilzen die langen Haare nicht. Danach darf er zwei Stunden nicht ins Freie, damit er sich nicht erkältet! Im Gegensatz zum Wannenbad, das nicht öfter als dreimal im Jahr stattfinden sollte, ist das Schwimmen im offenen Wasser sehr gesund. Das Wasser muss allerdings sauber sein. Schwimmen stärkt die Muskeln, härtet den Hund ab und macht ihn widerstandsfähig und mutig. Nach dem Schwimmen muss er sich gründlich warm laufen.

Bei manchen Hunden wie dem Pudel, Scotch-, Kerry Blue-, Bedlington-Terrier und dem Schnauzer ist es Mode, sie regelmäßig zu scheren oder zu trimmen. Im Allgemeinen bringst du deinen Hund dazu in einen Hundesalon. Dort arbeiten Fachleute, die sich mit der Modeschur der verschiedenen Rassen auskennen. Die Wahl des Friseurs ist mitunter nicht einfach. Nicht in jedem Hundesalon fühlt sich dein Hund wohl. Genau wie du hat auch er Menschen, die ihm sympathisch sind, und andere, die er nicht mag. Bei sehr heißem Wetter darf der Hund nicht zu kurz geschoren werden. Wie der Mensch, so kann auch der Hund einen Sonnenbrand bekommen. Selbstverständlich solltest du ihn auch bei starkem Frost nicht so scheren, dass er friert. Zur Not ziehst du ihm dann einen Pullover an.

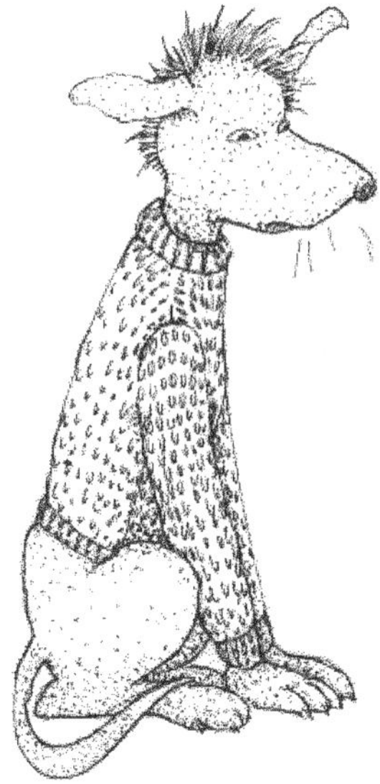

Mit viel Geschick und einiger Übung kann man das Scheren selbst übernehmen. Nach den ersten Versuchen wird dein Hund allerdings nicht gerade ausstellungsreif aussehen. Rau- und stockhaarige Hunde kann man mit einem ordentlichen Trimmmesser selbst ein bisschen in Form halten. Möchte man zu einer Ausstellung gehen, sollte man sich mit dem Hundesalon beraten, wann der günstigste Zeitpunkt fürs Frisieren ist. Ist der Hund zu kurz geschoren, sieht er nackt aus, sind seine Haare zu lang, kommt der Körperbau des Hundes nicht genügend zu Geltung.

Die Pflege von Augen, Ohren und Zähnen

Die Augen des gesunden Hundes sind glänzend und klar. Schaut dich dein Hund also aus trüben, glanzlosen Augen an, ist er meist krank und muss dem Tierarzt gezeigt werden. Einmal täglich wischt man den Augenwinkel in Richtung Nasenrücken mit einem feuchten Tuch aus. Das Auge ist relativ empfindlich gegen Zugluft.

Viele Hunde bekommen eine Bindehautentzündung, wenn sie aus dem Fenster des fahrenden Autos schauen.

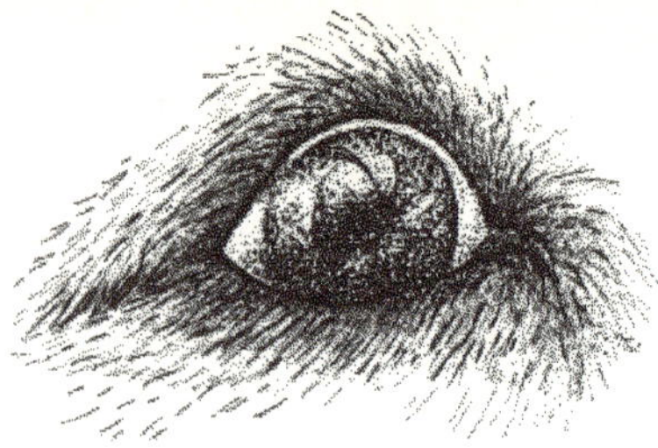

Pollenflug und Blütenstaub im Frühsommer machen ihnen besonders zu schaffen.

Die Ohren

Stehohren sind einfacher zu pflegen als Hängeohren. Die Ohrmuscheln putzt man hin und wieder mit einem feuchten oder ölgetränkten Wattebausch. Die äußeren knorpeligen Teile des Gehörganges reinigt man ab und an mit einem ölgetränkten Wattestäbchen. Dabei muss man Acht geben, dass man nicht zu tief in den Gehörgang eindringt. Man könnte dann das Innenohr verletzen. Meist erreicht man das Gegenteil von dem, was man erreichen möchte. Statt das Ohrenschmalz herauszuholen, stopft man es mit dem Wattebausch noch tiefer ins Ohr hinein.

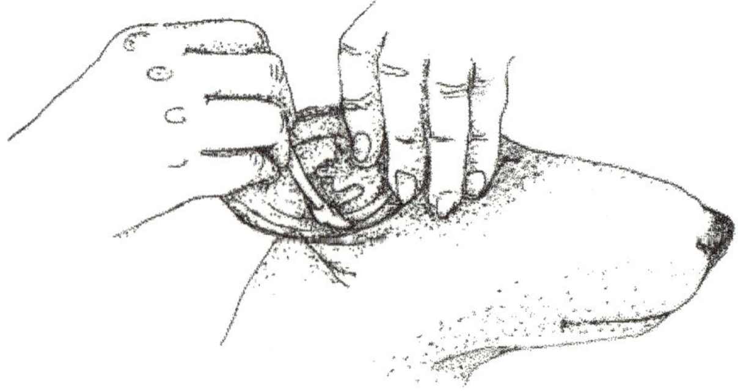

Die Zähne

Schon der junge Hund sollte sich an eine regelmäßige Zahnkontrolle gewöhnen. Man weiß dann über den Zahnwechsel und die Stellung des Gebisses Bescheid. Bekommt der Hund nicht genügend Knochen oder harten Hundekuchen zu kauen, so bildet sich auf den Zähnen ein gelber Zahnbelag. Solange der Belag weich ist, lässt er sich mit einer alten Zahnbürste und Schlämmkreide leicht entfernen. Du kannst auch mit der weißen Seite einer Zitronenschale den Beleg wegwischen. Kontrolliert man den Belag nicht, so verhärtet er sich und wird zu Zahnstein. Den entfernt der Tierarzt mit einem Spezialwerkzeug. Das Entfernen ist zwar nicht schmerzhaft, jedoch recht unangenehm. Durch eine etwa vierwöchentliche Kontrolle der Zähne kannst du deinem Hund dies ersparen.

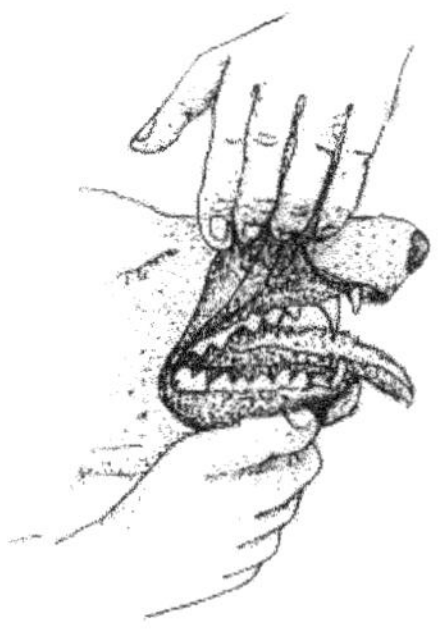

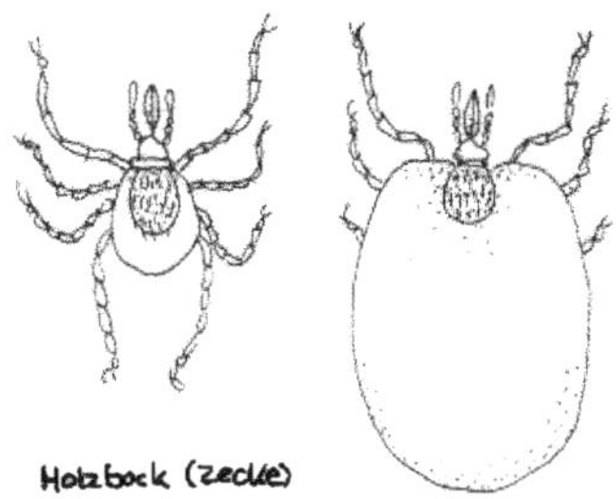

Ungebetene Gäste

Auch ein gepflegter Hund hat hin und wieder Untermieter, die ihm zu schaffen machen. Im Sommer bringt er nach einem Waldspaziergang meist *Zecken* mit nach Hause. Man findet sie meist erst dann, wenn sie sich mit ihren Zangen in die Haut gegraben haben und ihr Sack voll Blut ist. Die Grabzangen und Saugwerkzeuge rufen beim Hund mitunter lokale Entzündungen hervor. Deshalb muss man darauf achten, dass die auf jeden Fall mit entfernt werden. Am sichersten ist, man träufelt rings um den Kopf ein wenig Öl. So bekommt die Zecke keine Luft mehr und muss loslassen. Man nimmt sie dann zwischen Daumen und Zeigefinger und entfernt sie mit einer leichten Drehung.

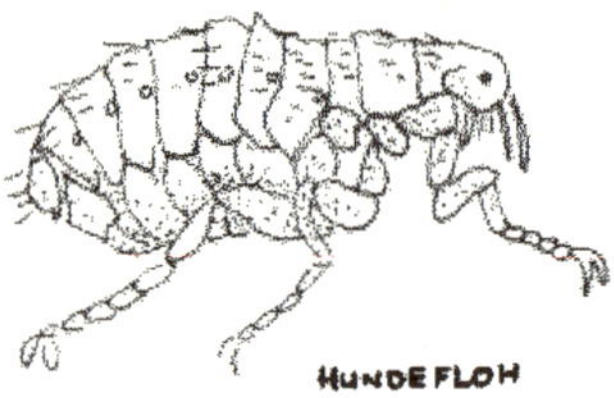

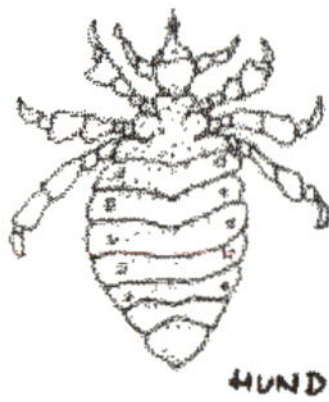

Auch der gepflegteste Hund bekommt einmal *Flöhe*. Wenn sich dein Hund heftig kratzt, im Schlaf urplötzlich hochfährt und mit seinen kleinen Schneidezähnen das Fell durchkämmt, dann hat er diese ungebetenen Gäste. Der Hundefloh dient als Zwischenwirt für den Hundebandwurm. Deshalb sollte man den Hund bei Verdacht gründlich untersuchen. Bei glatthaarigen Hunden ist das kein Problem. Man stellt sie auf ein weißes Papier und kämmt sie mit dem Staubkamm durch. Sowohl die lebenden Flöhe als auch ihren Kot kann man dann leicht mit dem bloßen Auge erkennen. Bei langhaarigen Hunden ist das nicht so einfach. Der Tierarzt hat wirksame Flohpulver, die ins Fell eingerieben werden. Bei der Behandlung darf man das Lager des Hundes nicht vergessen. Er steckt sich sonst rasch wieder an. Es gibt Spezialhalsbänder, die Mittel gegen Ungeziefer enthalten. Sie schützen den Hund für einige Zeit. Außerdem gibt es Stifte, mit denen man den Hund bestreichen kann.

Läuse sind zwar selten geworden, ganz ausgestorben sind sie allerdings nicht. Hat der Hund Läuse, so muss er mit einem Spezialpräparat behandelt werden. Langhaarige Hunde muss man scheren.

Im Allgemeinen brauchen *die Nägel* des Hundes nicht besonders behandelt zu werden. Ein Hund, der regelmäßig ausgeführt wird, läuft sich die Nägel kurz. Nur Hunde, die ausschließlich auf weichem Boden laufen oder sehr wenig ins Freie kommen, müssen ab und an gestutzt werden. Diese Maniküre nimmt der Tierarzt mit einer Spezialzange vor. Für einen Laien ist es nicht einfach zu erkennen, wo das abgestorbene Horn aufhört und der durchblutete Teil des Nagels beginnt. Wie beim Menschen ist beim Hund ein Teil des Nagels sehr gut durchblutet. Schneidet man hier zu tief, so hat der Hund Schmerzen und kann sehr schlecht laufen.

Hundeausstellung

»Lass uns schnell überlegen, was wir vergessen haben könnten: Ausstellungszulassung und Impfpässe sind in der Handtasche …, Halsbänder haben sie an …, Leinen liegen auf der Ablage …, Decken für die Boxen …, Näpfe. Hast du Putzzeug und Wolllappen eingepackt? Gut. Dann kann's ja losgehen.« Großmutter startete den Motor. »Die Tasche mit unseren Broten steht noch in der Küche. Auf einer Ausstellung kann man nicht essen gehen. Da kostet schon jedes Husten eine Mark.« Anne flitzte ins Haus zurück und kam mit dem fertigen Picknickkorb wieder.

»So, jetzt geht's wirklich los«, kündigte Großmutter an und fuhr los. Erst fuhren sie eine enge Landstraße entlang. Bald jedoch kam ein blaues Autobahnschild in Sicht. Entspannt lehnte die Großmutter sich zurück, nachdem sie sich in den rasch fließenden Verkehr eingeordnet hatte. Sie fuhr in mäßigem Tempo auf der rechten Seite. Das graue, eintönige Band der Autobahn lag vor ihnen.

»Eigentlich fahre ich gern Auto«, überlegte sie laut. »Es ist so gemütlich, im Warmen und Trockenen zu sitzen und bequem von einem Ort zum anderen zu kommen, ohne sich anzustrengen. Das ist schon was Feines. Andererseits ist es mir beinahe zu bequem. Ich muss mir immer vorstellen, wie die Menschen früher mit der

Kutsche gefahren sind. Holperige, staubige Straßen, vielleicht ein Achsenbruch beim Durchqueren der Furt. Stundenlanges Warten bei Regen und Sturm, bis der Kutscher mit einem Stellmacher aus dem entfernten Dorf kam. Die Pferde ungeduldig und nervös. Damals war das Reisen noch ein Abenteuer.«

»Gell, damals hätte man leben sollen. Keine Maschinen, keine Umweltverschmutzung, kein Waldsterben«, stimmte Anne zu.

»Dafür gab es fürchterliche Krankheiten: Kindbettfieber, Scharlach, Pest und Cholera. Ich glaube, die Summe der Schrecken bleibt sich gleich.« Sie schwiegen, jeder in seine Gedanken versponnen.

»Bald sind wir da«, erklärte die Großmutter.

Anne war plötzlich entsetzlich nervös. Sie hatte das Gefühl, als würde sie von Lampenfieber angesprungen und geschüttelt. Es kam ihr vor, als müsse sie eine wichtige Klassenarbeit schreiben, auf die sie nicht vorbereitet war.

»Großmutter, willst du nicht besser die Hunde selbst vorstellen? Ich mach bestimmt was falsch!«

»Keine Angst. Es wird schon klappen. Du wirst mich doch jetzt nicht im Stich lassen!«

Die Messehalle war mit Fahnen aus verschiedenen Ländern geschmückt. Auf dem Parkplatz herrschte reges Treiben. Hunde bellten, die Herrchen riefen nach ihnen, begrüßten Bekannte, schimpften nervös. Große und teure Camper standen neben alten, verbeulten Personenwagen. Annes ängstliche Spannung war plötzlich wie weggeblasen. Sie freute sich, freute sich von Herzen, zu all diesen Leuten zu gehören. Sie war stolz darauf, nicht Zuschauer, sondern Teilnehmer zu sein. Sobald das Auto hielt, sprang sie heraus, die Leinen in der Hand. Vorsichtshalber öffnete sie die Tür nur einen Spaltbreit. Die beiden Hündinnen drängten sich aufgeregt an die Tür.

»Langsam, nun wartet schon«, murmelt Anne beruhigend, während sie die Leinen an den Halsbändern befestigte. »So, jetzt dürft ihr raus.« Damit schob sie die Tür auf. Die Hunde, überglücklich, aus ihren Gefängnissen befreit zu sein, sprangen mit riesigen Sätzen aus dem Wagen. Hätte Anne nicht zufällig noch den Türgriff in der Hand behalten, die Tiere hätten sie umgerissen.

»Jorinde, Joringel, Platz!«, herrschte die Großmutter die beiden an. Fiebernd vor Aufregung, aber trotzdem gehorsam, ließen sie sich nieder.

»Jetzt suchen wir erst einmal unsere Boxen.« Anne folgte der Großmutter, die zielstrebig nach dem Büro der Ausstellungsleitung suchte. Beim Laufen stellte Anne fest, dass es zwei verschiedene Arten von Menschen gab. Die einen wichen respektvoll aus, sobald sie die großen Hunde sahen. Das waren wohl die Zuschauer, in deren Augen Anne zwei gefährliche Bestien an der Leine führte. Die anderen waren wohl Hundezüchter. Von ihnen wurde sie eher kritisch oder gleichmütig gemustert. Jorinde und Joringel strebten der Großmutter so eilig nach, dass Anne Mühe hatte sie zu halten. Trotzdem platzte sie beinahe vor Stolz. Wenn Helm sie so sehen würde!

Schließlich hatten sie das Büro gefunden. Großmutter verhandelte mit einer netten, jungen Dame. Sie bekam die Boxennummern und den Ausstellungskatalog und wurde mit einem freundlichen »Viel Erfolg!« verabschiedet.

»Mal sehen, wann wir dran sind«, meinte Großmutter. Sie blätterte im Verzeichnis, schaute dann auf die Uhr. »Nichts wie los. Wir stehen hier rum, und dabei fängt es gleich an! Los, Anne, unser Ring muss irgendwo da drüben sein.« Großmutter bahnte sich mit lauter Stimme, Charme und Einsatz von Ellbogen energisch einen Weg durch die Menschenmenge. Anne blieb ihr dicht auf den Fersen.

»So, hier sind wir wohl richtig«, stellte Großmutter schließlich fest. »Hat's schon angefangen?« Mit dieser Frage wandte sie sich an einen anderen Doggenbesitzer.

»Die Herren Richter lassen mal wieder auf sich warten«, knurrte der und schüttelte dabei energisch ihre Hand. »Fein, dass Sie da sind. Ich glaube, jetzt sind wir komplett. Was haben Sie denn da für eine Diana mitgebracht?« Er wies auf Anne.

»Meine Enkelin. Darf ich vorstellen: Anne Schubert aus München. Aber Sie haben Recht. Mit den beiden Hunden an der Leine sieht sie tatsächlich aus wie die Jagdgöttin Diana.« Anne wurde rot.

So viel Aufmerksamkeit war ihr peinlich. Sie schaute sich um. Überall standen und lagen Doggen. Schwarze, gelbe, gestromte und schwarz-weiß gefleckte … »Die sehen aus wie aus Porzellan«, fand Anne. Manche der Hunde bellten aufgeregt, zerrten an den Leinen oder wollten an ihrem Herrchen hochspringen. Die erfahrenen Profis dagegen lagen ergeben da, die Schnauze auf die Vorderbeine gelegt. Plötzlich kam Bewegung in die Menschen. Der Preisrichter war gekommen. Er setzte sich an den auf der Stirnseite stehenden Tisch und blätterte in seinen Unterlagen.

»Los, Anne, wir sind dran.« Die Großmutter heftete ihr mit fliegenden Fingern ein Nummernschild an den Pullover. »Jorinde ist die Erste. Bitte seien Sie so gut und halten rasch den Hund. Ich muss Anne zum Eingang bringen.« Damit drückte sie ihrem Nachbarn Joringels Leine in die Hand und dann wandte sie sich wieder Anne zu: »Du musst immer ein wenig an der Leine zupfen, damit sie aufmerksam bleibt. Denk dran, dass sie immer auf der linken Seite von dir läuft. Achte auf ihren Schritt. Wenn sie Pass geht, lass ihr die Leine ein bisschen länger. Und schön außen an der Abschrankung entlangführen.« Mit diesen Ratschlägen schob sie das Mädchen in den Ring. Anne stellte belustigt fest, dass die Großmutter recht nervös war. Ihre eigene Aufregung war, kaum hatte sie den Ring betreten, wie weggeblasen. Zuerst musste Jorinde sich in einiger Entfernung vom Richtertisch aufstellen. Die Vorderbeine nebeneinander, die Hinterbeine etwas zurückgestellt, mit hocherhobenem Kopf, stand Jorinde zuerst da wie ein Standbild. Der Richter war aufgestanden und lief um den Hund herum, um den Körperbau von allen Seiten zu beurteilen. Unvermittelt machte Jorinde jedoch einen Satz nach vorn, drehte sich dann rasch um und begann laut zu bellen. Die Schwester antwortete ebenso lautstark außerhalb des Ringes. Anne zupfte verzweifelt an der Leine. Es half nichts, Jorinde konnte nicht mehr still stehen.

»Das macht nichts«, tröstete der freundliche Richter. »In der Jugendklasse erlebt man so allerhand. Nun zeig mir noch die Zähne, dann darf sie laufen.« Anne zog den Hund energisch zu sich her und befahl »Sitz«. Jorinde gehorchte, wenn auch am ganzen Körper vibrierend. Willig ließ sie sich die Lefzen hochnehmen.

Die mächtigen Reißzähne blitzten weiß. Der Richter schaute konzentriert und kritisch auf das Hundegebiss, ließ Anne das Maul öffnen, um die Backenzähne zu kontrollieren. Dann schrieb er etwas auf seinen Richterzettel und nickte Anne zu: »Gut erzogen«, lobte er. »Jetzt bitte im Schritt.« Nach zwei Runden Schritt gab der Richter die Anweisung zum Traben. Anne schnalzte ein wenig mit der Zunge, und Jorinde setzte sich begeistert in Trab. Sie griff mächtig aus und Anne war froh, dass sie Turnschuhe trug. Mit denen hatte sie recht guten Halt auf dem glatten Boden. Um den Ring drängten sich die Zuschauer. Großmutter stand ganz vorn.

»Prima machst du das!«, flüsterte sie Anne zu, sodass man es am anderen Ende der Halle hören konnte. Als Anne zum dritten Mal am Richtertisch vorbeitrabte, nickte der Herr ihr zu.

»Danke, der Nächste.« Erleichtert verließ Anne den Ring. Die Hündinnen begrüßten sich mit stürmischem Gebell.

»Fein hast du das gemacht.« Großmutter klopfte Anne lobend auf die Schulter. Dann beobachteten sie gespannt den nächsten Hund im Ring. Der war recht nervös, strebte von seinem Führer weg und bellte ununterbrochen.

»Einen guten Kopf hat die Hündin«, lobte die Großmutter, »schau nur den guten Stopp.«

»Was ist das?«, wollte Anne wissen.

»Der Übergang vom Nasenbein zur Stirn soll gut ausgeprägt sein. Die Linie soll einen Knick haben.«

»Auf solche Kleinigkeiten wird geachtet?«, wunderte sich Anne.

»Ja«, lachte die Großmutter. »Für dich sind das vielleicht Kleinigkeiten. Aber für den Züchter ist es wichtig. Ein Hund mit einem schönen Kopf verkauft sich leichter, auch wenn er sonst ein paar Mängel hat. Ist ja bei den Menschen leider nicht anders. Hunde zu beurteilen ist eine Wissenschaft für sich. Für jede Rasse gibt es besondere Merkmale, auf die man achten muss. Die Größe, die Farbe, Stellung der Beine, Ohren, Rute. Für jede Rasse gibt es einen Standard. Das ist eine Beschreibung, wie sich die Züchter den idealen Hund ihrer Rasse vorstellen. Nach diesem Standard werden die Hunde bewertet. Mit der Zeit kann sich der Standard allerdings auch verändern. Auch die Hundezucht ist von Modeerscheinungen nicht ausgeschlossen.«

»Mir wäre es viel wichtiger, dass mein Hund treu und anhänglich ist, auch wenn seine Ohren ein bisschen krumm sind.«

»Du hast schon Recht. Der Charakter eines Hundes sollte immer noch das Wichtigste sein. Bei Hundeprüfungen, zum Beispiel als Schutz- oder als Jagdhund, da spielt die Schönheit keine so große Rolle. Da kommt es auf Mut, Wachsamkeit, Schnelligkeit und Gehorsam an. Leider haben die meisten Züchter keine Zeit und Lust, um mit ihren Hunden zur Ausbildung zu gehen. Vielen ist es wichtiger, einen Pokal im Schrank zu haben als einen Wachhund im Zwinger. Den Charakter zu beurteilen ist noch schwieriger, als den Körperbau richtig einzuschätzen. Denn bei Schutzhundeprüfungen kommt es auch sehr auf die Tagesform an. Ein Hund ist keine Maschine. Auch er kann mal einen schlechten Tag haben, genau wie wir auch.«

Während der Unterhaltung hatte die Großmutter die Hunde im Ring aufmerksam beobachtet. Hin und wieder schrieb sie eine Notiz in ihr Programm.

»Du, gleich bist du noch mal dran.« Großmutter puffte Anne in die Seite. »Joringel ist die Vorletzte. Da, deine Nummer. Und nun marsch an den Start. Wenn man zu spät kommt, macht das auf die Richter keinen guten Eindruck. Sie wollen pünktlich zum Mittagessen.« Nervös schob die Großmutter Anne zum Eingang.

»Viel zu früh«, stellte Anne fest. Der Hund wurde eben erst im Schritt herumgeführt. Anne betrachtete ihn kritisch: Größe, Farbe, Kopf, Rücken. All das spielte in der Beurteilung eine Rolle. Anne fand die Hündin sehr hübsch. Leichtfüßig und verspielt lief sie neben ihrem Führer her. Hin und wieder sprang sie an ihm hoch oder biss in die Leine. Der Besitzer klopfte ihr beruhigend die Seite, lachte dabei sympathisch unehrgeizig über die vergnügten Einlagen. Es hatte den Anschein, als nähme er diese Ausstellung nicht so furchtbar ernst.

»Viel zu klein und zu leicht«, hörte sie eine abwertende Stimme. »Mit solchem Material kann man doch nicht züchten.«

Anne schaute den Mann verächtlich an, dem diese Stimme gehörte. Er war klein, gerade so groß wie sie selbst, schlank und mittleren Alters. Die etwas zu langen, grauen Haare, die unter dem fein gemusterten Tweedkäppchen zum Vorschein kamen, gaben dem blassen Gesicht ein noch farbloseres Aussehen. Die hellgrauen Augen hatte er kritisch zusammengekniffen, sein schmaler, blasser Mund wirkte pessimistisch. »Material«, dachte Anne wütend. »Für so jemanden ist ein Hund Material. Nicht etwa ein Hund, den man liebt, auch wenn er vielleicht nicht ganz dem Standard entspricht, sondern einfach nur Zuchtmaterial. Austauschbar wie sein Hut. Vielleicht ist dieser Kerl sogar ein großer Züchter mit bekanntem Namen. Aber von solch einem Menschen einen Hund kaufen? Niemals!« Anne schüttelte sich innerlich. Dieser Mensch strahlte so viel Kälte aus. Sie musste einen Schritt zur Seite machen. Glücklicherweise war ihr Vorgänger bald fertig. Sie begegneten sich am Einlass.

»Viel Glück«, lachte der nette junge Mann im Vorübergehen. Anne, vorhin so frei und gelassen, wagte sich nun kaum in den Ring. Sie meinte die Augen ihres Nachbarn nahezu körperlich auf dem Rücken zu spüren. Grässlich, wie diese Blicke jede ihrer Bewegungen zu verfolgen schienen. Statt den Hund erst im Stand vorzustellen, lief sie gleich im Schritt los. Joringel zerrte nach innen und strebte so stürmisch von Anne weg, dass der Richter ihren Gang kaum beurteilen konnte. Anne zog an der Leine, befahl »Bei Fuß!«, aber es nützte nichts. Der Hund zerrte von ihr fort, strebte seinem Zwingergenossen zu.

»Würden Sie vielleicht die Freundlichkeit haben und endlich antraben«, hörte sie die ungehaltene Stimme des Richters. Anne zuckte zusammen. Hatte sie etwas überhört? Eilig schnalzte sie mit der Zunge und setzte sich selbst mit kurzen Schritten in Trab. Joringel dachte nicht daran anzutraben, sondern schlug gleich eine schnellere Gangart ein. Mit den Pfoten auf dem glatten

Boden ausrutschend, drängte sie, beinahe auf der Stelle galoppierend, von Anne weg. Als sie so miteinander kämpfend auf den Richter zuliefen, geschah es: Joringel wechselte urplötzlich von links nach rechts, lief Anne vor die Füße. Die stolperte, schien sich einen Augenblick noch fangen zu können und fiel dann mit ziemlichem Getöse auf Knie und Handballen. Der Hund war erschrocken stehen geblieben und schaute, halb schuldbewusst, halb ängstlich, rückwärts. Mit rotem Kopf rappelte sie sich auf. Der Richter schüttelte missbilligend den Kopf. Während Anne tapfer weitermachte und Joringel zur Beurteilung aufstellte und die Zähne zeigte, musste sie mit den Tränen kämpfen. Nicht etwa, weil sie Schmerzen hatte. So etwas passierte ihr öfter und war nicht weiter schlimm. Aber dass ihr dieses Missgeschick vor den Augen dieses unsympathischen Mannes passiert war, das war es, was ihr die Tränen in die Augen trieb. Fluchtartig verließ sie den Ring und drängelte sich durch die Menschenmenge. Großmutter nahm sie tröstend in die Arme.

»Kind, das hätte böse ausgehen können. Hast du dir wehgetan?«

Anne schüttelte den Kopf und biss sich auf die Unterlippe. Da tippte ihr jemand auf die Schulter. Sie erschrak. Wenn das der grässliche Mann vom Eingang war? Zögernd drehte sie sich um. Der sympathische unehrgeizige Hundeführer stand hinter ihr und lachte sie an.

»Der kleine Graue hat dich wohl mit seinem bösen Blick verhext? Mach dir nichts draus. Deine Hündin gefällt mir trotzdem.«

»Und mir Ihre auch!« Anne konnte wieder strahlen und tat das so charmant, dass ihr Gegenüber sie sofort zu einer Tasse Kaffee einladen wollte.

»Kaffee, herrlich, da geh ich mit.« Großmutter war Feuer und Flamme. »Hier ist im Moment nichts los. Die Richter müssen erst alle Ergebnisse auf die Listen übertragen, bevor die nächste Gruppe drankommt. Gehen wir!«

Überall waren die Vorführringe umlagert von Hundebesitzern und Zuschauern. Eine rotblonde Dame in weißem Hosenanzug kam ihnen entgegengeschwebt. Braun gebrannt und auffällig geschminkt, die schulterlangen Haare von einem teuren Friseur auf künstlich-schlampig geschnitten, hatte sie die spiegelnde Sonnenbrille oberhalb der Stirn in die Haare gesteckt. An der Leine führte sie zwei Afghanen. Anne puffte die Großmutter: »Guck nur mal, wie die sich ähneln. Das gleiche hochnäsige Gesicht. Sogar die gleiche Haarfarbe!« Großmutter nickte lachend. »Die Frauchen und Herrchen passen sich mit der Zeit ihren Hunden an. Du musst mal einen alten Boxerzüchter anschauen. Der sieht genauso faltig und vergrämt aus wie seine Hunde.«

Die Afghanen liefen nicht, sie schritten gemächlich an ihnen vorbei. Die kleinen Köpfe mit den langen, spitzen Schnauzen und den großen Augen trugen sie stolz erhoben. Seidenfeine, lange Haare an Ohren, Brust und Beinen umwogten die Tiere gleich einer Wolke. Hinter den Afghanen kam ein sehr großer Mann. Auf dem Arm trug er ein zitterndes, sandfarbenes Hündchen. Anne blieb vor Staunen der Mund offen stehen. So

etwas Zartes hatte sie überhaupt noch nicht gesehen. Ein Windhund in Westentaschenformat. Etwa zwei Handspannen hoch war dieses zierliche Wesen, und trotzdem glich es seinen großen Brüdern und Schwestern. Zarte, sehr fein behaarte Haut umspannte diesen zierlichen Körper. Man konnte das feine Geäst der Adern unter der Haut erahnen. Deutlich traten die Knochen und Sehnen hervor.

»An einem Italienischen Windspiel kann man sehr gut Anatomie studieren.« Auch Großmutter war bewundernd stehen geblieben.

»Was seid ihr doch für Trampel dagegen.« Anne beugte sich zu den Doggen hinunter. »Und ihr wollt mit diesem Püppchen verwandt sein?«

»Ja, es ist schon erstaunlich, welche Vielfalt an Hunderassen aus ihren Vorfahren, dem Wolf und dem Schakal, entstanden ist. Große, kleine, dicke, dünne, langohrige und solche mit Stehohren, Ringelschwanz und Säbelrute. Und jeder Züchter meint natürlich, seine Rasse sei die beste!«

»Ist sie auch«, strahlte der junge Mann. Er packte Anne bei der Schulter, drehte sie ein bisschen seitlich und wies mit dem Kinn auf eine der Vorführringe. »Guck, dort drüben!«, grinste er.

Nur wenige Zuschauer standen an der Absperrung. So war der Hundeführer gut zu sehen. Ein Mann mittleren Alters, nicht mehr ganz schlank, im grünen Lodenanzug, hockte seitlich neben seinem braun-weiß gescheckten Beagle. Erst wurden die Vorderbeine nebeneinander gestellt. Dann griff er nacheinander beide Hinterbeine, von denen er eines weiter nach hinten herauszog als das andere. Als der kleine Hund nun schön gestreckt dastand, griff er mit der Linken unter das Kinn des Hundes: Der Kopf wurde stolz erhoben. Ein zweiter Griff galt dem Schwanz. Mit dem ausgestreckten Zeigefinger der Rechten dirigierte er die Rute, dem Zeiger einer Bahnhofsuhr gleich, in die richtige Position. So verharrten Herr und Hund, bis der Richter gnädig mit dem Kopf nickte. Fertig. Nun wurde der Gang bewertet. Mit winzigen Schritten trabte der Herr, konzentriert auf seinen kleinen Hund blickend, im Kreis. Es hatte den Anschein, als wolle er sich den kurzen Trippelschritten anpassen. »Kann man so etwas ernst nehmen?«, prustete Anne.

»Ich will dir mal was sagen. Wir alle, die wir so ein Hobby haben, sind ein bisschen verrückt. Jedenfalls wirken wir auf Außenstehende so. Wir verbringen unsere Zeit in alten Klamotten und Gummistiefeln im Zwinger, schlagen uns die Nächte vor der Wurfkiste um die Ohren, verfahren viel Geld, um zum richtigen Rüden zu kommen. Und statt Liebesromanen lesen wir lieber Ahnentafeln. Aber wie arm wäre die Menschheit, wenn es keine Leute mit solchen Macken gäbe.«

Welcher Hund soll es sein?

Hund ist nicht gleich Hund. Die Spielarten der verschiedenen Rassen sind so umfangreich, dass es nicht leicht ist, den richtigen Partner auszuwählen. Deshalb muss man sich vorher genau überlegen, weshalb man sich einen Hund anschaffen will: Brauche ich einen Schutzhund, einen Bewacher für das Grundstück, einen Begleiter für lange Spaziergänge, oder möchte ich einen Hund, der nur so da ist? Auf keinen Fall ist ein Hund ein Spielzeug für Kinder! Wer ein Spielzeug verschenken will, der sollte ein Stofftier kaufen!

Soll es ein Rassehund sein, oder möchte ich lieber einen Hund aus dem Tierheim? Entscheide ich mich für einen Rüden oder eine Hündin? Das alles sind wichtige Fragen, die man vor dem Kauf klären sollte!

Die Wahl des Geschlechtes ist am einfachsten. Ein Rüde ist im allgemeinen stärker, stabiler und möglicherweise eine Spur angriffslustiger als eine Hündin. Sein größter Vorteil liegt in der Tatsache, dass er keine Jungen

bekommen kann. Dafür ist er bei weitem nicht so häuslich und anschmiegsam wie eine Hündin. Ist in der näheren und auch weiteren Umgebung eine Hündin läufig, so ist er kaum zu halten. Auch über große Entfernungen wittert der Rüde eine solche Braut. Er wird jede Gelegenheit nützen, um zu seiner Geliebten zu kommen. Dort streunt er dann, gemeinsam mit seinen Mitwerbern, ums Haus, belagert die Eingangstür, sitzt bei ebenerdiger Wohnung sogar im Blumenkasten! So ist er ein rechtes Ärgernis für den Besitzer der Hündin. Das Herrchen der Braut kann sich oft nur mit Stock bewaffnet aus dem Haus wagen, um seine Dame Gassi zu führen. Es folgt ihm dann meist ein Schwarm lästiger, aufdringlicher Hundeburschen. Oft stürzen sich die Rüden urplötzlich aufeinander und verbeißen sich wütend. Selbst wenn man seine Hündin ins Auto setzt, um den Freiern zu entkommen, folgen sie unter Umständen im dichten Straßenverkehr und gefährden nicht nur sich, sondern auch andere. Eine Hündin ist zweimal im Jahr läufig, ein Rüde dagegen das ganze Jahr auf Freiersfüßen.

Die Hündin ist kleiner und zierlicher als der Rüde. Sie ist meist häuslicher und anschmiegsamer. Dafür fehlt ihr manchmal die entscheidende Härte. Sie ist sensibler als der Rüde und sollte deshalb ein bisschen sanfter behandelt werden. Wo ein Rüde mal einen Knuff vertragen kann, ist bei der Hündin manchmal ein lautes Wort schon zu viel. Das Lästige bei einer Hündin ist ihre Läufigkeit. Zweimal im Jahr, im Frühjahr und im Herbst, kommt sie in diesen interessanten und nervenaufreibenden Zustand. Um einer ungewollten Schwangerschaft zu entgehen, muss die Hündin in dieser Zeit ausschließlich an der Leine gehalten werden! Auch ein noch so folgsames Tier entwischt in Sekundenschnelle, selbst wenn kein Rüde in der Nähe ist. Der Fortpflanzungstrieb ist sehr stark! Große Hunde öffnen gern selbst die Tür, indem sie mit den Vorderpfoten die Türklinke herunterdrücken. Dem kann man abhelfen, indem man die Klinke so anbringt, dass sie sich nur nach oben öffnen lässt. Möchte man mit einer Hündin nicht züchten, so lässt man sie am besten sterilisieren. Sie wird dann vielleicht eine Spur ruhiger und braucht deshalb mehr Auslauf, um ihre gute Figur zu erhalten. Man erspart sich damit aber sehr viel Ärger und Nerven. Es gibt zwar Hormonspritzen, die eine Läufigkeit verhindern. Das klingt sehr praktisch, doch der Hormonhaushalt einer Hündin ist eine sehr komplizierte Angelegenheit. Die Hündinnen neigen danach gern zu Unfruchtbarkeit und Gebärmutterentzündung. Insgesamt wiegen sich die Vor- und Nachteile bei Rüde oder Hündin auf. Die Entscheidung ist deshalb nicht leicht. Es liegt wohl am ehesten am Temperament des Hundebesitzers, wofür er sich entscheidet.

Hunderennen auf Irlands grüner Insel

Die Rückfahrt wurde kurzweilig. Großmutter war munter und gesprächig. »Weißt du, Anne, trotz aller Strapazen brauche ich diese Schauen. Man trifft alte Freunde, gewinnt neue, darf den ganzen Tag über Hunde reden. Es ist einfach herrlich. Meinen bösen Arm habe ich buchstäblich vergessen. Und zufrieden mit der Bewertung bin ich auch. Wenn die Veranstalter sich nur mal was anderes ausdenken würden als die blöden Pokale.« Sie redeten hin und her und kamen irgendwie auf Windhunde zu sprechen.

»Ich weiß nicht«, meinte Anne, »irgendwie sehen sie dumm aus. Vielleicht, weil Nase und Stirn ohne Übergang ineinander übergehen.«

»Ja, man muss sich in die Gesichter erst hineinsehen. Aber dumm sind sie absolut nicht. Allerdings sind einige von ihnen sehr zurückhaltend. Ein Dackel oder eine Dogge stürmen laut bellend und glücklich, ihr Herrchen wiederzuhaben, auf dich zu. Ein Windhund wedelt zwar auch, aber er lässt es gnädig über sich ergehen, dass du ihn begrüßt. Arrogant ist nicht der richtige Ausdruck. Sie sind ein bisschen unnahbar und haben etwas Katzenhaftes, Unabhängiges an sich. Vielleicht ist es das, was mich an ihnen so fasziniert. Außerdem sehe ich sie gern im Lauf. Diese kraftvollen

Sprünge, ähnlich denen eines Rennpferdes, sind für mich immer wieder beeindruckend. Vor Jahren habe ich mal mit einer Freundin zusammen Urlaub in Irland gemacht. Dort siehst du überall Leute, die mit ihren Windhunden spazieren gehen. Darunter sind viele Menschen, denen man ansieht, dass sie nicht besonders viel Geld haben. Statt eines Rennpferdes halten sie sich einen Greyhound. Den trainieren sie und schicken ihn zu Rennen. Der Greyhound ist ein recht großer Hund. Seine Schulterhöhe ist 63 bis 70 cm. Er hat glattes Fell und kurze, nach hinten liegende Rosenohren. Es gibt ihn in verschiedenen Farben. Was mich fasziniert, ist sein kraftvolles, würdiges Auftreten. Er hat einen tiefen Brustkorb, hochgezogenen Rumpf und leicht nach oben gewölbten Rücken. Das Bemerkenswerteste an ihm sind die keulenartigen Hinterschenkel. Man sieht ihm an, dass er mit solchen Muskeln wahnsinnig schnell rennen kann. Früher hat man diese Hetzhunde zur

Fuchs- und Hasenjagd benützt. Das gibt es glücklicherweise nicht mehr. Dafür ist er auf der Rennbahn einer der schnellsten Hunde der Welt.«

Die Großmutter war abgeschweift. Jetzt kam sie wieder auf Irland zurück. »Durch Zufall las ich in der Zeitung von einem Hunderennen in Dublin. Wir beratschlagten kurz und fuhren los, obwohl wir beinahe quer durch die ganze Insel fahren mussten. Aber die ist ja nicht so riesengroß. Ich habe diese Fahrt nicht bereut. Nach einigem Durchfragen fanden wir den Rennplatz. Er liegt in einem recht armen Arbeiterviertel. Dort sieht man keine Landhäuser, sondern nur kleine graue Häuschen, meist ohne Garten oder Grün. Irland ist überhaupt kein reiches Land, was Geld anbelangt. Aber die Menschen dort sind umso reicher an Fröhlichkeit, Phantasie und Sangeslust. Was sie besonders lieben, ist das Spielen und Wetten. Und wetten sollte man bei solch einem Rennen. Du wirst davon noch hören. Wir stellten also das Auto ab und ließen uns von der Menschenmenge in Richtung Eingangstür drängeln. Ein Hunderennen ist für Iren so wichtig wie bei uns die Bundesliga. Wie beim Fußball sind es auch bei den Rennen meist Männer, die sich dafür interessieren. Wir kamen uns anfangs etwas verloren vor in dieser Männerversammlung. Aber das gab sich schnell. Die Iren sind sehr aufgeschlossen und fremdenfreundlich. Dunkelhaarig, die Schiebermütze kess aufs Ohr gesetzt, die unvermeidliche Zigarettenkippe seitlich zwischen den Lippen, grinsten sie uns mit meist zahnlückigem Mund an. Auch ihnen schien die Anwesenheit weiblicher Wesen ein bisschen unheimlich zu sein.

Die eigentliche Rennbahn war ein großes, grasbewachsenes Oval, von einem meterhohen Maschendraht eingezäunt. Am Zaun drängelten sich die Zuschauer. Neben dem Eingang stand ein Gebäude mit kleinen Fenstern. Vor diesen Fenstern war das Gedränge besonders dicht. Neugierig gingen wir hin. Man schubste sich lautstark, wedelte mit Geldscheinen, lachte einander zu. Hier konnte man also wetten. Ich bereue es noch heute, dass ich in der Schule im Englischunterricht nicht aufgepasst habe. Für den Hausgebrauch reichen meine Kenntnisse. Aber um mir das Wettsystem erklären zu lassen, noch dazu in irischem Dialekt und mit Zigarette im Mund, dazu reichte es leider nicht! Irgendwo stand ein laut rufender Mann auf einer Leiter. Der fuchtelte ebenfalls mit Wettscheinen in der Luft. Es war ein herrliches, lautes Durcheinander. Wir genossen es sehr. Als die nächsten Hunde zur Begutachtung in die Bahn geführt wurden, liefen wir zum Rennplatz zurück. Jeder Hund trug eine kleine Decke mit einer Nummer auf dem Rücken. Kraftvoll, mit stolz erhobenem Kopf, schritten sie majestätisch neben ihren Besitzern her. So hatte man Gelegenheit, Körperbau, Gang und Nervenstärke noch einmal zu beurteilen, um dann, sozusagen in letzter Minute, seine Wetten abzugeben.

Ich tippte auf Nummer drei, einen kleinen, blauen Greyhound mit roter Decke.

›Und wer wird der Zweite?‹, fragte meine Freundin, die von Hunden keine Ahnung hatte. Ich deutete auf die Nummer sechs.

›Was, diese mickrige Hündin soll Zweite werden? Das glaube ich nicht.‹ Die Hündin sah wirklich etwas unscheinbar aus. Sie war mausgrau und niedriger als die anderen. Aber ihr Schritt war sehr raumgreifend und ihr Gesicht strahlte große Konzentration aus. Etwa fünf Minuten hatte man Zeit, um sich die Hunde anzusehen. Dann wurden sie zur Startbox gebracht. Das sind nebeneinander stehende, rechteckige Drahtkäfige mit zwei Türen. Zur hinteren Tür schiebt man den Hund hinein und macht rasch zu. Die vorderen Türen öffnen sich beim Start automatisch. Es ist nicht ganz einfach, die Hunde in die Startboxen zu stecken. Sobald sie merken, dass es losgeht, sind sie wie von Sinnen. Sie ziehen mächtig an der Leine. Und solch ein durchtrainierter Hund hat mit seinen 20 bis 25 Kilogramm eine beachtliche Kraft. Ach ja, was ich ganz vergessen habe, dir zu erzählen: Die Hunde laufen einem Hasen nach. Keine Angst, es ist kein lebendiger Hase, sondern ein hasenähnliches Gebilde, das mit Hasenfell überzogen ist. Diese Imitation läuft auf einer Schiene und wird elektrisch betrieben. So, nun sind die Hunde in ihren Boxen.

Ein Helfer winkt mit der Flagge: Fertig.

Der Hase auf der Schiene wird rückwärts vor die Boxen gelenkt, die Türen gehen hoch, die Hundemeute schießt los. Schon nach den ersten Metern sind sie in vollem Lauf. Die Hinterläufe greifen so weit vor die vorderen, dass sich der Rücken des Hundes förmlich zusammenzieht. Man muss das einmal gesehen haben. Sie laufen nicht im herkömmlichen Sinn, sondern wogen unwahrscheinlich kraftvoll auf und ab. Herrlich. Dabei stoßen sie hin und wieder hohe, beinahe singende Hetzlaute aus. Der Hase hüpft ratternd vor ihnen her. Immer ein klein bisschen schneller als der erste

Hund. Die Zuschauer feuern an. Bald hat sich das Feld auseinander gezogen. In der engen Kurve hatte meine Nummer drei die Innenbahn erwischt und konnte so ein paar Meter einsparen. Auf der Geraden legte er noch mal an Tempo zu. Die kleine Graue folgte ihm … Noch dreißig Meter. Ein großer Rüde versuchte die beiden einzuholen. Er folgte der Grauen, hatte die Schnauze schon an ihren Flanken. Sie streckte sich noch einmal, spurtete. Die Flagge sauste nieder. Gewonnen!

Blitzschnell wird der Drahtkäfig über den Hasen gestülpt. Die Hundemeute stürzt sich winselnd auf die unerreichbare Beute und umringt wütend den Korb. Das Rennen ist zu Ende. Die Besitzer kommen in die Bahn und greifen in das Gewühl von Hundeleibern, leinen ihre Tiere an und führen sie an einen ruhigen Platz.

Hechelnd, mit Speichel auf der langen roten Zunge, werden sie zur Beruhigung noch ein Weilchen hin und her geführt. Schließlich hat sich ihr Atem beruhigt und der irre Hetzblick ist aus ihren Augen verschwunden. Manche werden danach gleich in ihre Boxen gesperrt und der Besitzer geht sein Guinness trinken, dieses kaffeeschwarze Bier mit Schaum darauf wie dicke Sahne. Dieses Getränk scheint die Nahrung vieler Iren zu sein.

Andere sind nicht so sehr auf ihr eigenes Wohl bedacht, sondern kümmern sich rührend um ihre Tiere. Sie stellen die heißen Pfoten in eine Schüssel mit kaltem Wasser, geben ihnen schluckweise etwas heißes Wasser oder ein rohes Ei. Insgesamt haben wir an diesem unvergesslichen Abend sechs Rennen gesehen. Einmal liefen vier Whippets, die kleinere Ausgabe der Greyhounds. Der Whippet sieht genauso aus, ist allerdings nur 45 bis 48 cm groß und wiegt etwa die Hälfte seines großen Bruders. Du wirst es nicht glauben, aber bei sechs Rennen habe ich viermal den Sieger vorausgesagt! Und hab nicht gewettet, ich Dumme! Ein Grund für dich, in der Schule beim Englischunterricht aufzupassen, gell?

Das Lustigste war das letzte Rennen. Da lief nämlich eine Hündin allein. Sie wurde genauso gestartet, lief aber ohne Konkurrenz. Wir waren ein wenig verwirrt und fragten einen zahnlosen alten Nachbarn, wer denn nun gewonnen habe. Er grinste mit seinen drei Stummeln. Uns zu Ehren nahm er sogar seine Zigarette aus dem Mund und sagte dann im deutlichsten Englisch, dessen er mächtig war: ›Der Hase!‹ Das ist irischer Humor. Sicherlich war diese Hündin allein gestartet worden, weil für diese Altersklasse gerade keine Konkurrenz da war. Um zur Zucht zugelassen zu werden, sollten diese Hunde, genau wie Rennpferde, eine Anzahl von Rennen in einer bestimmten Zeit gelaufen sein. Ich rate jedem, der einmal nach Irland fährt, ein solches Rennen zu besuchen. So viel Atmosphäre, Spannung und nette Leute trifft man selten«, schloss die Großmutter.

Im Urlaub und auf Reisen

Schon vor der Anschaffung eines Hundes solltet ihr genau überlegen, was aus dem Hund wird, wenn ihr verreisen wollt. Am schönsten ist es natürlich, wenn er mitfahren darf. Allerdings sind nicht jedes Hotel und jeder Campingplatz auf bellende Vierbeiner eingerichtet. Ihr solltet euch vorher erkundigen, ob ihr euren Hund mitbringen dürft. Bei einer Fahrt ins Ausland muss man die Einreisebestimmungen beachten, sonst wird man an der Grenze zurückgeschickt! Diese können von Land zu Land unterschiedlich sein. Wenn eure Urlaubsfahrt ins Ausland geht, so kann euch euer Tierarzt beraten. Er hat eine Broschüre, in der die Bestimmungen der einzelnen Länder genau beschrieben sind. Wenn ihr euren Hund nicht mitnehmen könnt, dann ist er bei Bekannten oder

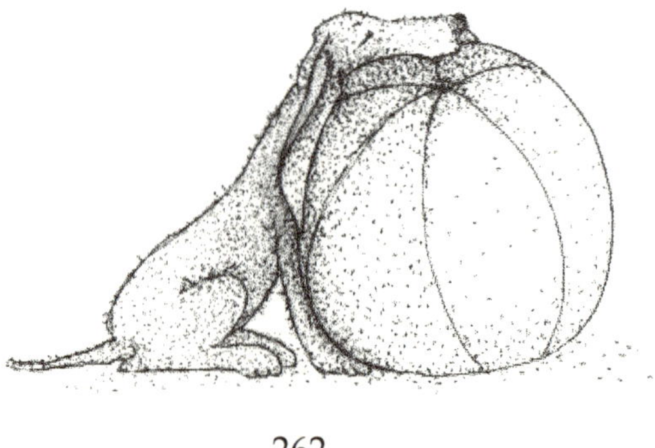

Freunden am besten aufgehoben. Der Hund kennt sie bereits und wird sich deshalb leichter an die neue Umgebung gewöhnen. Erzähle ihnen genau, welche Eigenschaften euer Hund hat. Kann man ihn problemlos allein im Auto lassen oder zerreißt er die Polster? Ist er verträglich mit anderen Hunden? Was frisst er gern?

Es gibt Hunde, die trotz liebevoller Behandlung bei jeder Trennung untröstlich sind. Sie verweigern das Fressen, lassen sich durch nichts aufmuntern und sind kaum zu bewegen, Gassi zu gehen. Solche Hunde kann man nicht mit gutem Gewissen zurücklassen. Andere dagegen haben ein recht robustes Gemüt. Sie finden sich rasch in die neue Situation hinein. Für sie ist die Trennung kein Problem. Kauft man einen Hund beim Züchter, so übernimmt er mitunter während der Urlaubszeit die Pflege. Das ist eine recht gute Lösung. Dort kennt sich der Hund aus und hat meist Kameraden. Beim Züchter kann man sicher sein, dass er den Hund fachgerecht versorgt und füttert. Allerdings kannst du nicht erwarten, dass er das umsonst tut. Jeder Hund verursacht Arbeit und Kosten.

Es ist selbstverständlich, den Pfleger für seinen Aufwand zu bezahlen.

Die ungünstigste Lösung wird das zeitweise Unterbringen im Tierheim sein. Nicht etwa, weil die Pfleger dort nicht gut sind, im Gegenteil. Die Tiere werden gut gepflegt und behandelt. Leider werden Tierheime aber nur durch Spenden erhalten, deshalb können nicht so viele Arbeitskräfte beschäftigt und bezahlt werden. Daher bleibt für jedes Tier nur recht wenig Zeit. Die vielen Streicheleinheiten, die der Hund täglich bräuchte, kann man ihm dort deshalb aus Zeitmangel nicht geben.

In Fachzeitschriften werden spezielle Hundepensionen angeboten. Sie sind in ihrer Qualität recht unterschiedlich. Man sollte sich verschiedene Pflegeplätze anschauen, bevor man sich entscheidet.

Wo immer man seinen Hund hingibt, das Körbchen und der Napf müssen genauso mitgegeben werden wie das geliebte Spielzeug. So lässt sich der Trennungsschmerz besser verkraften.

Eine *Autofahrt* mit Hund hat besondere Gesetze. Das oberste Gebot ist Pausen zu machen. Mindestens viermal pro Tag sollte der Hund für eine halbe Stunde spazieren geführt werden.

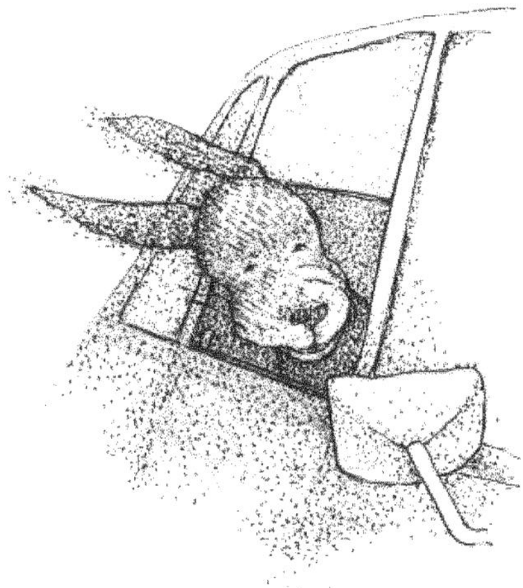

Der Hund liegt während der Fahrt auf dem Rücksitz und nicht auf dem Schoß. Hat man kein Trenngitter im Wagen, so wird er hinten angeleint, damit er bei einem eventuellen Unfall nicht durch die Scheibe geschleudert wird. Nagt er eine Lederleine gern an, so nimmt man zum Anbinden besser eine Kette. Diese Maßnahme ist keine Tierquälerei. Sie bedeutet für den Hund einen Schutz. Während der Fahrt muss man für genügend Frischluft sorgen. Von einer heruntergekurbelten Scheibe sind viele Hunde begeistert. Sie lieben es, die Nase zum Fenster hinauszustrecken. Durch die Zugluft bekommen sie aber leicht eine Bindehautentzündung.

Wasser nimmt man in einer Thermoskanne mit. Besonders wichtig ist dies im Sommer, denn dann darf man das Tränken nicht vergessen! In der heißen Jahreszeit parkt man sein Auto möglichst unter einem Baum im Schatten. Findet man bei großer Hitze keinen entsprechenden Parkplatz, sollte man den Hund mitnehmen. Das bisschen Frischluft durch die heruntergekurbelte Scheibe reicht dann nicht aus. Es ist Tierquälerei, den

Hund in solch einem Backofen schmoren zu lassen. Mancher Hund ist im Auto an Hitzschlag gestorben. Im kalten Winter dürfen kurz geschorene Hunde nicht frierend im Auto sitzen. Man zieht ihnen einen Pullover an. Für größere Hunde sollte man immer eine Decke im Auto haben. Manche Hunde fahren von klein auf leidenschaftlich gern Auto, andere dagegen sind nur mit Mühe dazu zu bringen, einzusteigen. Genau wie manche Menschen können auch manche Hunde das Autofahren nicht vertragen. Ihnen wird bei jeder Fahrt schlecht. Beim Tierarzt gibt es Tabletten gegen Reisekrankheiten. Muss ein solcher Hund mit dem Auto fahren, so setzt sich am besten eine Person neben ihn auf den Rücksitz. Sie kann den Hund trösten und ihm eine Tüte vor die Nase halten, wenn es passiert.

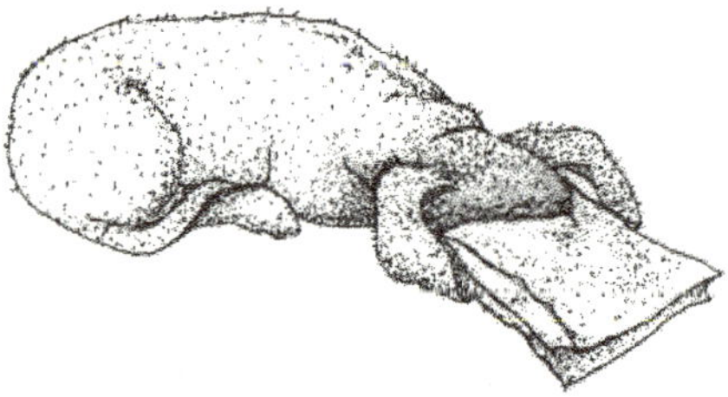

Eine *Bahnfahrt* ist für die meisten Hunde kein Problem. Nach anfänglicher Scheu beim Einsteigen legen sich die meisten Hunde auf die mitgebrachte Decke und schlafen. Kleinere Hunde kann man auf den Nebensitz setzen, sofern die Mitreisenden nichts dagegen haben. Bei jeder Fahrt in öffentlichen Verkehrsmitteln muss man sich als Hundebesitzer darüber im Klaren sein, dass nicht jeder Mensch ein Hundefreund ist. Auch wenn es für dich absurd erscheint, wirst du doch mit Menschen zusammenkommen, die vor deinem Hund Angst haben. Das muss man als Hundebesitzer bedenken. Es ist rücksichtslos und dumm, über diese Ängste zu lachen. Manchen Menschen kann man im Gespräch die Angst nehmen. Andere dagegen werden sich ihr Leben lang vor jedem zahnlosen Hundegreis fürchten.

Nicht jeder Hundebesitzer mag es gern leiden, wenn Fremde sein Tier anfassen. Das ist verständlich. Sein Hund soll kein Allerweltshund werden, der mit jedem mitläuft. Es gehört eine gute Portion Diplomatie dazu, gewisse Tierfreunde vom Streicheln abzuhalten, ohne sie zu beleidigen. Ein echter Hundekenner wird das Streicheln erst gar nicht versuchen. Noch schwieriger wird die Sache bei tierliebenden Kindern. Mit welcher Begeisterung stürzen sich manche auf alles, was vier Beine hat. Meist sind das Kinder, die zu Hause selbst keine Tiere haben. Sie haben deshalb nicht gelernt, mit Tieren richtig umzugehen. Dadurch machen sie Fehler, indem sie beispielsweise dem Hund liebevoll auf den Kopf klopfen, was nur die wenigsten Hunde leiden mögen. Oder sie bewegen sich zu heftig und quietschen dabei laut und begeistert. Auch der gutmütigste Hund kann bei solcher Behandlung einmal zubeißen. Manche Menschen machen es sich sehr einfach, indem sie die Kinder warnen: »Pass auf, der beißt dich!« Das ist grundfalsch: Ängstliche Kinder werden durch solch eine Warnung noch ängstlicher und die mutigen fühlen sich angespornt zu versuchen, ob er tatsächlich beißt, und beginnen ihn zu reizen.

Ein Hund, der auch gelegentlich einmal zuschnappt, muss in öffentlichen Verkehrsmitteln einen Maulkorb tragen.

Für viele Menschen ist das *Fliegen* etwas besonders Schönes. Für Hunde bedeutet es einen großen Schreck. Nur sehr kleine Hunde dürfen nach Rücksprache mit der Fluggesellschaft unter Umständen im Fluggastraum mitfliegen. Allerdings nur in einem geschlossenen Transportbehälter. Größere Hunde fliegen in einer Kiste, zusammen mit dem übrigen Gepäck, im Bauch des Flugzeuges. Dort ist das dröhnende Geräusch der Maschine sehr laut zu hören. Außerdem sind die Tiere extremen Temperaturschwankungen ausgesetzt. Sie sind hinterher tage- und wochenlang verstört, schlafen unruhig, fressen schlecht und sind sehr schreckhaft.

Herbstspaziergang

Der Winter meldete sich an. Noch der Oktober war herrlich warm gewesen mit seinem goldenen Licht, das die Stadt durchflutete.

»Das schöne Wetter muss man ausnützen«, hatte Anne gedacht. »Wer weiß, was kommt.« Und so war sie mit Wastel und Frau Schmelcher beinahe jeden Tag draußen gewesen, obwohl sie es sich zeitlich eigentlich nicht hätte leisten können. Plötzlich wurde es dann regnerisch und kalt. Die Straßenlaternen mussten schon um vier Uhr angeschaltet werden.

»So ekelhaft kann das Wetter nur in der Stadt sein. Bei Großmutter ist es sicherlich schöner: Der warme Kachelofen in der Stube und Aristoteles schnarchend auf der Couch.« Versonnen malte sie einen Hundekopf an die beschlagene Scheibe der U-Bahn, während sie auf ihre Haltestelle wartete. »Wie gut, dass morgen Sonntag ist. Da hab ich wieder ein bisschen mehr Zeit für Hexe!«

Sie spürte unter ihren Füßen, wie die Bahn langsamer wurde und hielt. Die Leute drängten und schoben sie mit sich hinaus.

»Keiner scheint Zeit zu haben. Genau wie ich«, dachte sie betrübt. Dann fiel ihr die Klassenarbeit ein, die sie in der Mappe hatte: Wieder eine Vier. Und das noch in Deutsch, einem Fach, das sie besonders liebte. Aber sie hatte einfach keine Zeit gehabt, die Lektüre aufmerksam zu lesen. Dementsprechend war die Inhaltsangabe ausgefallen. Sie gab sich innerlich einen Ruck. »Anne, du musst einfach zügiger und besser arbeiten. Sonst heißt es, die Hunde seien an den schlechten Noten schuld«, sagte sie sich und lief schneller.

Mom werkelte in der Küche. Der Samstag war für alle ein besonderer Tag. Man hatte Zeit füreinander und konnte am nächsten Morgen ausschlafen.

»Tag, Hermann. Ist das Essen fertig, Mom?«

»Wenn du den Mülleimer runtergetragen hast, können wir anfangen.«

Vater ließ die Zeitung sinken. »Na, Tochter, was macht die Schule?« Er musterte Anne liebevoll.

»Nichts wie Ärger. Ich erzähl's dir gleich.« Sie nahm den Eimer und ging zur Tür.

»Anne sieht schlecht aus.« Damit legte der Vater die Zeitung auf den Tisch.

»Kein Wunder bei all dem, was sie sich aufgeladen hat.« Die Mutter lief hin und her und deckte den Tisch.

Dabei meinte sie: »Ich hab den Eindruck, sie beginnt sich von uns zu lösen. Wäre ja auch ganz normal. Mir ist es lieber, wenn sie mit Hunden unterwegs ist, als dass sie sich in Discos rumtreibt. In diesem Alter fallen die meisten in den Schulleistungen ab. Wenn ich denke, was für Probleme meine Kolleginnen mit ihren Töchtern haben!«

»Trotzdem, ich möchte diesen Helm doch gern mal kennen lernen!« Der Vater strich nachdenklich die Zeitung glatt.

»Bist wohl eifersüchtig?« Moms Stimme klang belustigt.

»Lach bloß nicht. Ich bin's vielleicht wirklich. Schließlich habe ich nur diese eine Tochter.« Er gab sich einen Stoß. »Ich werde sie fragen, ob sie mich morgen mitnimmt.«

So kam es, dass Vater und Tochter am nächsten Tag einträchtig durch die Stadt zu Helm radelten.

»Du musst Nina unbedingt kennen lernen. Sie ist so süß und sehr geschickt mit den Dackeln. Pass auf, sie steht schon seit halb zwei vor der Haustür.« Anne war selig gewesen über den Vorschlag des Vaters, sie zu begleiten. Richtig, vor Helms Haustür stand die kleine Nina und hüpfte vor Aufregung von einem Bein aufs andere.

»Hallo, Nina, du siehst ja aus wie ein Weihnachtsmann.« Wegen des Nieselregens trug die Kleine eine rote Regenjacke mit Kapuze und dazu passende Gummistiefel.

»Weihnachtsmänner haben doch Bärte«, wies sie Anne lachend zurecht, die den Klingelknopf gedrückt hatte. Drinnen hörte man begeistertes Gekläffe. Die Tür ging auf und Hexe und Biene purzelten beinahe über die Schwelle. Vor überschwänglicher Freude jaulend und winselnd, sausten sie auf die Besucher zu, warfen sich begeistert unter den streichelnden Händen auf den Rücken. Hexe machte sogar ein kleinen Freudenbächlein. Helm erschien, schief grinsend und die Leinen schwingend, in der Tür.

»Dann kann's ja losgehen.« Als er Annes Vater sah, stutzte er für den Bruchteil einer Sekunde, gab sich dann einen Schubs und ging auf den älteren Mann zu.

»Ich bin Helm.«

Der Vater reichte ihm die Hand. »Dass ich Annes Vater bin, brauche ich wohl nicht zu erklären. Mir wird immer wieder gesagt, wir sähen uns sehr ähnlich.«

»Stimmt«, erwiderte Helm kurz und gab Anne die Leinen.

»Gell, Helm«, schmeichelte Nina, »heute darf ich deine Biene führen. Bitte!« Helm nickte.

»Aber lass sie nicht wieder so ziehen wie letzten Sonntag. Sie soll brav neben dir laufen.«

Die beiden Mädchen gingen mit den Dackeln voraus. Nina schwatzte mit einer etwas schrillen Stimme wie ein Wasserfall auf Anne ein. Sie musste alles, aber auch alles loswerden, was sie in der letzten Woche erlebt hatte. Anne versuchte dem Redeschwall zu folgen. Aber sie ertappte sich hin und wieder dabei, dass sie nach hinten lauschte. Würden die beiden Männer sich vertragen?

»Anne, ich glaube, du hörst nicht zu. Genau wie Mama.« Ninas anklagende Stimme holte sie wieder zurück.

»Natürlich höre ich zu. Gleich sind wir da und können die beiden losmachen.« Sie bogen vom Gehweg ab und liefen noch ein paar Meter den geschotterten Parkweg entlang, bevor sie die Hunde von der Leine ließen: Was gab es da alles zu beschnuppern! Düfte von fremden Hunden, von Pferden, Eichhörnchen und Wildenten stiegen den Dackeln in die Nasen. Herrlich war es herumzusausen, in schnellem Lauf Tannenzapfen und Stöckchen herumzutragen, laut kläffend Fangen zu spielen. Die vier Menschen waren stehen geblieben und betrachteten begeistert das Spiel.

»Ein Hund allein würde sich nie so bewegen«, stellte Helm fest. »Dieses Miteinander-Raufen kann man

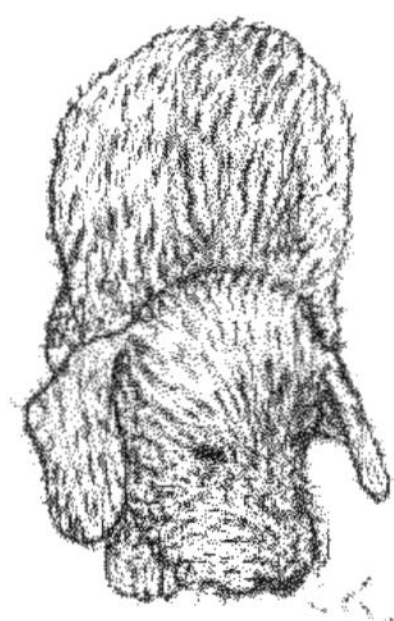

einem einzelnen Hund niemals bieten. Wie gut, dass wir beide behalten haben.« Nina nickte heftig mit dem Kopf. Sie hätte selbst zu gern eine Schwester gehabt. Sie schlenderten weiter in den Park hinein. Ein großer Mischlingsrüde kam auf die Dackel zugestürmt.

»Schnell, der beißt sie bestimmt«, rief Nina gellend. Aber weder Helm noch Anne rührten sich. Zwar beobachteten sie den fremden Hund scharf, machten jedoch keinerlei Anstalten, die jungen Hunde zu »retten«. Der Vater sah von einem zum anderen.

»Man soll kleine Hunde nicht dauernd hochnehmen und beschützen wollen«, erklärte ihm Anne. »Ein älterer Hund beißt nie einen jüngeren. Und ein Rüde eigentlich nie eine Hündin. Vorausgesetzt, sie sind instinktsicher. Und das sind zum Glück die meisten. Schau, was sie machen.« Anne hatte Nina beruhigend an die Hand genommen.

Kurz vor den Dackeln hatte der Mischling abgestoppt. Nun stolzierte er steifbeinig, mit gesenkter Nase, auf Hexe zu. Seine Nackenhaare waren ein wenig gesträubt. Hexe war zuerst mutig auf den Großen zugegangen. Als er jedoch näher kam, warf sie sich auf den Rücken und bot ihm so ihren leicht verletzbaren Bauch und ihre Kehle dar. Nina hielt die Hände vors Gesicht. Aber was geschah? Die gesträubten Nackenhaare legten sich glatt an, die Rute des Rüden pendelte freundlich hin und her. Mit der Rechten tapste er ganz behutsam in die Luft. »Komm, spiel mit mir«, hieß das.

»Die meisten Leute nehmen ihre kleinen Hunde sofort hoch. Das Ergebnis ist, dass diese kleinen Dinger mit der Zeit frech werden, von oben herab die Großen

beschimpfen und sich unheimlich stark fühlen. Auf Herrchens Arm sind sie in guter Hut. Begegnen sie dann einmal einem großen Hund ohne diesen Schutz, so glauben sie immer noch, sie seien die Stärkeren. Solche kleinen, verwöhnten Biester genieren sich nicht, in ihrem Größenwahn auch viel stärkere Hunde anzugreifen. Und dann geht es ihnen meist an den Kragen. Die Größeren werden sofort kurz angeleint, wenn ein fremder Hund kommt«, erklärte Helm missbilligend.

Anne führte seinen Gedanken weiter: »Dabei wollen sie sich meist nur beschnuppern. Das bedeutet das Gleiche, wie wenn sich Menschen die Hand geben. Manche sind sich danach gleichgültig und gehen ihrer Wege. Andere finden sich sympathisch und wollen miteinander spielen. Klar, es kommt auch vor, dass sich welche nicht riechen können und sich anrempeln. Meist sieht das gefährlicher aus, als es ist.«

Trotz dieser Erklärungen war Nina froh, als sich der Große trollte.

Es war ein herrlicher Nachmittag. Trotz des verhangenen Wetters fühlten sie sich alle wohl. Als Vater dann zum Schluss noch einkehren wollte, war Anne beinahe eifersüchtig. Die beiden Männer hatten sich so viel zu erzählen, dass Anne sich ein wenig verloren fühlte.

Nina, müde von der frischen Luft, war recht maulfaul geworden. Sie hielt Biene auf dem Schoß und nuckelte genüsslich an ihrer Limonade.

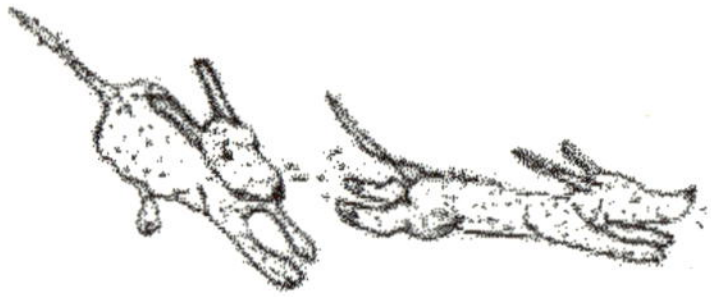

Das Fest der nordischen Renner

Zum Weihnachtsfest hatte Mom ein ganz besonderes Geschenk: Anne und Helm bekamen einen Gutschein für den Besuch bei einem Hundeschlittenrennen in Buchenberg bei Kempten. Anne wusste wenig über diese Art des Hundesportes. In einer Tierzeitschrift war vor einiger Zeit ein Bericht über eine solche Veranstaltung erschienen. Im letzten Jahr war ihr zufällig das Buch »Wolfsblut« von Jack London in die Finger geraten. Sie hatte dieses Buch damals mit großer Begeisterung zweimal hintereinander verschlungen. Und nun sollte sie diese Schlittenhunde sehen, mit denen Polarforscher das ewige Eis bezwangen! Hoffentlich brachte der Januar genügend Schnee.

Dann kam der lang ersehnte Tag. In Buchenberg brauchten sie nicht lange zu suchen. Große Pfeile wiesen den Weg zur Rennstrecke. An einem lang gestreckten Berg stellten sie das Auto ab. Mom warf einen Blick zum bleigrauen Himmel: »Kinder, zieht euch warm an. Nehmt Mütze und Handschuhe mit. Es sieht nach Schnee aus.«

Mutter schloss sorgfältig die Autotür ab, bevor sie sich zu Fuß auf den Weg machten.

Auf der Bergkuppe angelangt, blieben alle drei für einen Moment stehen. Rechts von ihnen, am Waldrand, konnten sie in der Ferne ein buntes Treiben sehen. Eine Menge Autos, mit und ohne Anhänger, dazu Schlitten, Menschen, Hunde ... Viele, viele Hunde saßen und liefen herum. Auch aus der Ferne konnte man ihren zotteligen Pelz erkennen. Das Merkwürdigste jedoch war ein ganz besonderes Geräusch, das von diesem Treiben herüberscholl. Es hörte sich an, als sei das Tal angefüllt von vielstimmigem Geläute, Geheul und Gesang. Diese Töne schwollen an, verebbten wieder, schwollen erneut an. Dazwischen konnte man, leiser zwar, aber erkennbar, eine menschliche Stimme durch einen Lautsprecher hören. Das Rennen hatte also schon begonnen!

Und dort kam ein Gespann!

Die Hunde galoppierten, immer paarweise hintereinandergespannt, vor einem leichten Holzschlitten. Er sah aus wie die Kreuzung zwischen einem Stuhlschlitten und einem Liegestuhl. Hinten auf den Kufen stand der Fahrer, genannt Musher, und feuerte seine Hunde mit lautem Rufen an. Es war ein herrlicher Anblick: Die Hunde zogen mit weit vorgestreckten Hälsen eifrig vorwärts. Nun machte die Strecke einen Bogen. Die Hunde liefen brav zwischen den Markierungspfosten hindurch, erreichten die Gerade und verschwanden in einer Senke. Da kam schon das nächste Gespann. Es schien ein wenig schneller als das erste. Das Gefährt schoss in die Kurve, doch plötzlich wich einer der vorderen Hunde nach rechts aus, zog das Gespann mit sich, der Schlitten sprang über einen Hügel und stand. Die Hunde hatten sich in ihrem Geschirr verfangen und konnten nicht weiter. Rasch lief der Musher nach vorn, packte den vorderen linken Hund an Rücken- und

Nackenfell und hob ihn über den rechten, sodass er wieder auf seinem Platz stand. Dann drängte er die beiden vorderen Hunde auf die Piste zurück, da schoss das Gespann auch schon vorwärts. Im letzten Moment konnte der Musher die Rückenlehne seines Schlittens erwischen, verfehlte jedoch mit dem Fuß die schmale Kufe und wurde ein Stück mitgeschleift, bevor er sich aufrichten konnte. Kaum hatte er festen Stand, so ging es mit voller Fahrt weiter. All dies geschah blitzschnell. Schon kam das nächste Gespann.

»Hoffentlich klappt es bei denen.« Anne hatte vor Aufregung Mutters Arm gepackt. Auch dieses Gespann kam in flotter Fahrt auf die Biegung zu. Aber als Anne erleichtert dachte, jetzt hätten sie es geschafft, sprang, wie beim letzten Mal, einer der Hunde nach rechts. Es war, als würden sie die Szene eines Filmes zweimal hintereinander sehen. Mit dem einzigen Unterschied, dass dieser Musher sofort die Kufe erwischte und nicht hinterhergezogen wurde.

»Ist das aufregend. Ich hätte nie gedacht, dass dieser Sport so spannend ist«, war Mom ganz begeistert: »Lasst uns mal weitergehen. Ich möchte näher herankommen«, schlug sie vor. So liefen die drei die Straße hinauf. Am Eingang zur Strecke stand ein nachgebauter Iglu. Davor verkauften zwei Mädchen Eintrittskarten in Form von Plastikblümchen, die man sich an den Anorak heften konnte.

»Gibt es ein Programm?«, fragte Mom.

»Ja, dort unten, wo am meisten los ist, da sind Start und Ziel und dort haben wir einen Informationsstand.«

Überall drängten sich abenteuerlich gekleidete Menschen in bunten Mützen und Schals, die man sich um den Kopf wickeln konnte, und mit dicken Stulpen an den Beinen. Die drei kamen an den ersten Hunden vorbei. Die liefen nicht etwa frei herum, sondern waren angebunden. Eine lange Kette, genannt »Stake-out«, an beiden Enden mit stabilen Eisenpflöcken fest in der Erde verankert, lag auf dem Boden. An dieser langen Kette waren in Abständen kürzere Teile angebracht. An jedem der kurzen Stücke war ein Hund angebunden. Die Abstände von einem Hund zum anderen waren so gehalten, dass die Hunde nicht zueinander konnten. Anne betrachtete das System nachdenklich.

»Ob die sich sonst beißen?«

»Vielleicht werden sie auseinander gehalten, damit sie sich nicht verwickeln«, vermutete Helm.

Die Hunde waren ungefähr 50 cm hoch. Der muskulöse Körper mit dem dichten, halb langen Haar stand auf Beinen mit kräftigen breiten Pfoten. Mit der üppi gen Halskrause und der über den Rücken geschwungenen, buschigen Rute sahen die Hunde beinahe quadratisch aus. Am eindrucksvollsten war der selbstbewusste, unnahbare Ausdruck ihrer wolfsähnlichen Augen. Die meisten hatten eine helle, nahezu weiße Gesichtsmaske und einen ebenso hellen Bauch und weiße Pfoten. Kopf, Rücken und Schwanz waren rostbraun, grau oder schwarz. Zwei von ihnen hatten sich im Schnee ein Loch gekratzt, lagen zusammengekringelt, die Rute über das Gesicht gelegt, und schienen zu schlafen. Andere zerrten aufgeregt heulend an ihren kurzen Ketten.

»Ob die sich wohl streicheln lassen?« Anne wollte auf den ersten Hund zugehen. Sie wurde jedoch von Mom zurückgehalten.

»Stell dir vor, jeder Besucher wollte den Hund anfassen!« Sie gingen weiter.

»Schau nur, dort drüben, ist das nicht süß?« Wo Anne hinzeigte, stand ein langer hölzerner Anhänger. Seitlich waren vergitterte Fenster hineingeschnitten und hinter jedem konnte man zwei neugierige Hundegesichter erkennen. Oben auf dem Anhänger waren zwei Schlitten festgebunden. Einige Kleinbusse standen herum, die als Hundetransporter umgebaut waren. Die Tiere waren in stabilen Drahtkäfigen neben- und übereinander untergebracht. Zwischen den Autos waren Anbindeketten mit heulenden, bellenden, singenden Hunden. Der Lärm wirkte nicht störend, sondern erzeugte ein Gefühl der freudig-nervösen Spannung. »Ist das nicht toll?«, blitzte Anne Helm an. Der strahlte ebenso zurück und nickte: »Wart, den Anhänger muss ich unbedingt knipsen.«

Ein Gespann wurde vorbeigeführt. Der Musher hielt mit aller Kraft den Schlitten zurück. Auch der Hundeführer, der einen der vorderen Hunde am Halsband hatte, musste sich kräftig nach rückwärts stemmen, um den beinahe im Stand galoppierenden Rüden halten zu können. Die Hunde trugen Zuggeschirre aus breitem, gepolstertem Perlonband. Zwei Bänder liefen rechts und links um die Schulter, trafen sich im Nacken und liefen dann gekreuzt über den Rücken bis zum Schwanz. Um dem Geschirr den notwendigen Halt zu geben, lief zusätzlich ein Riemen vom Schulterriemen zwischen den Beinen hindurch, traf sich dann mit den Bändern auf dem Rücken. Anne wollte das System näher betrachten. Aber das Gespann war zu schnell.

»Die ziehen nicht mit dem Halsband, sondern mit der Schulter«, stellte sie fest. »Das Geschirr sieht beinahe aus wie Hosenträger.«

»Mit dem Halsband könnten sie nicht so gut ziehen. Da ginge ihnen schnell die Luft aus.« Helm tat sehr überlegen.

Ein besonders großer, starker Rüde mit dunkelbrauner Rückenfärbung und den typischen hellen Beinen wurde von einem Mädchen an der Leine geführt. Der Hund war so auffällig schön, dass Anne nicht anders konnte. Sie musste hinlaufen und das Mädchen fragen.

»Das ist ein Alaskan Malamute«, bekam sie stolz zur Antwort.

»Ist der heute schon gelaufen?«

»Ja, heute Morgen bei den Skandinaviern. Das ist eine Prüfung, bei der ein Langläufer von ein oder zwei Hunden begleitet wird, die einen Lastschlitten ziehen.«

»Schade, dass wir das verpasst haben. Das hätte ich zu gern gesehen. Ich finde es fair, wenn es nicht nur um die Schnelligkeit der Hunde geht, sondern auch um die Kondition der Läufer. War er gut?«

Das Mädchen zuckte die Schultern. »Papa war recht zufrieden. Aber morgen ist der zweite Umlauf. Die beiden Zeiten werden zusammengezählt und erst dann weiß man, wer gewonnen hat.«

Ein Gespann mit drei schneeweißen Hunden zog an ihnen vorbei. »Die sehen irgendwie anders aus als die meisten, die hier rumlaufen. Irgendwie pummeliger und gedrungener.«

»Das sind Samojedenspitze«, meinte das Mädchen.

Am Start flatterten Fahnen aus allen möglichen Ländern. Hier war die Piste eng umlagert. Mit einem langen Netz, das an Pfosten befestigt war, hatte man die Zuschauer von den Teilnehmern getrennt. Ein Gespann wartete gerade auf das Startzeichen. Der Musher stand hinten auf dem Schlitten, die Hände auf der Rückenlehne, den Fuß an der Bremse, und sah auf den laufenden Sekundenzeiger der Startuhr. Die Hunde, von Führern gehalten, heulten, kläfften, sprangen mit allen vieren in die Luft, bissen vor Ungeduld in den Schnee, stemmten die breiten Pfoten startbereit in den festen Untergrund.

»Los!« Kaum war das Startzeichen erfolgt, ließen die Helfer los und die Hunde stürmten davon. Anfangs noch etwas ungleich im Tritt, bald jedoch den gemeinsamen Rhythmus findend, jagten sie die Bahn hinunter und waren bald hinter einer Bodenwelle verschwunden. Schon wurde das nächste Gespann an den Start geführt. Sie waren so eingespannt, dass vorn ein Hund lief und hinten zwei. Ein blondes Mädchen mit Skianzug, Pudelmütze und dicken Lederhandschuhen führte den Leithund. Dabei sprach sie beruhigend auf ihn ein und streichelte seinen dicken Kragen. Der Musher angelte, auf einer Kufe stehend, nach der Bremse. Das war eine zweiarmige Kralle, die zwischen den Kufen an einem langen Pedal befestigt war. Die Krallen bohrten sich in den Schnee und hielten so den Schlitten fest.

»Achtung, fertig ...« Der Musher riss mit dem Fuß den Haken aus dem Boden. »Los!« Das Gespann ruckte an und war nach wenigen Metern in voller Fahrt. Schon wurde das nächste Gespann vorgezogen.

»Toll«, meinte Helm. »Keiner beißt den anderen. Alle sind nur aufs Rennen konzentriert. Dabei sind es fast alles Rüden.«

Sie beobachteten, wie ein Mann mit einem dicken Fettstift jedem Hund einen deutlich sichtbaren Strich auf die Schulter malte.

»Wozu soll das gut sein?«, überlegte Anne.

»Geh und frag ihn«, ermunterte sie Mom, die auch neugierig war.

»Den Streifen bekommen sie, damit sie unterwegs nicht ausgetauscht werden können. Auf solch einer unübersichtlichen Strecke könnte sonst jemand mit einem frischen Gespann irgendwo im Wald stehen, rasch umspannen und dadurch im Vorteil sein. Der Musher muss alle Hunde, mit denen er gestartet ist, wieder mit ins Ziel bringen. Wenn ein Hund nicht mehr kann oder wenn er verletzt ist, muss er ihn auf den Schlitten packen und mittransportieren. Das sind die Regeln der Wildnis, bei denen sonst ein schwacher Hund leicht von Wölfen umgebracht werden würde.« Anne bedankte sich für die Auskunft. Wie nett war es von dem Herrn, ihr alles zu erklären.

Sie schlenderten zur Information und Mutter kaufte ein Programm. Anne wollte eigentlich hineinschauen, aber da kam ein Gespann aus dem Wald und bog in die Zielgerade. Der Musher feuerte seine Hunde zum letzten Spurt an: »Hoho!« Die Hunde streckten noch einmal die Beine, aber bellen taten sie nicht mehr. Ihre roten Zungen hingen seitlich zum Maul heraus. Man konnte sie hecheln hören. Kaum im Ziel, verfielen sie in Schritt. Der Fahrer sprang ab, lief am Gespann entlang nach vorn und führte es einen kleinen Hügel hinauf. Helfer

waren zur Stelle und lobten die Tiere. Durstig bissen sie in den Schnee. Einen erschöpften Eindruck machten sie nicht. Ihre Gesichter sahen entspannt und zufrieden aus. Durch den Lautsprecher wurde dem Publikum die Zwischenzeit des Gespannes gemeldet.

»Es starten in der nächsten Kategorie Sibirian Huskys, Strecke 15 Kilometer, Anzahl der Hunde unbegrenzt.« Mittagessen und Getränke gäbe es im Zelt, tönte es aus dem Lautsprecher.

»Wie viele werden sie da wohl einspannen?« Anne war sehr gespannt.

»Sollten wir nicht was essen gehen?« Helm zog eine Tafel Schokolade aus der Tasche, brach ein paar Riegel ab und hielt sie der Mutter hin: »Ich würde lieber weiter zuschauen. Im Zelt ist es außerdem viel zu voll.«

»Na gut, wie ihr wollt«, stimmte Mom zu. »Ich hab das Gefühl, es wird kälter.« Sie klopfte die behandschuhten Hände aneinander.

»Dort oben spannen sie schon ein. Kommt!« Anne rannte voraus.

Ein stämmiger Mann kam ihnen entgegen. Die zwei Hunde zerrten so an der Leine, dass der Führer, mit weit zurückgelegtem Oberkörper, die Absätze fest in den Schnee gestemmt, nur mit kurzen Schritten vorwärts lief. Er führte sie an die Spitze des Zugseiles, hakte die einzelnen Zugstränge und das Verbindungsseil am Halsband an der Zentralleine fest und band die Hunde dann an der auf dem Boden liegenden Kette fest. So konnten sie nicht weglaufen. Der Schlitten war hinten mit einem dicken Seil an einem Baum befestigt. Aufgeregt sprangen die Hunde hin und her. Anne trat

einen Schritt näher und erkannte, dass auf jedem Rückenband des Geschirres ein Name geschrieben war.

»Bei so vielen Hunden werden die Teile sonst leicht verwechselt«, ging es ihr durch den Kopf. Schon kamen zwei weitere Hundeführer. Mit Gekläff und Wolfsgeheul ließen sich die Tiere einspannen. Schließlich zählte Anne zwölf Hunde. Helm puffte sie in die Seite.

»Wenn die loslegen!« Und schon starteten sie, wollten im Galopp losstürmen, obwohl an jedem Hundepaar ein Führer hing. Im Laufschritt hielten die Männer mit, den Arm ausgestreckt, den Körper seitlich neben die Tiere gestemmt. Plötzlich stolperte einer der Hundeführer, fiel hin, rappelte sich wieder auf, um das schneller werdende Gespann einzuholen. Wie ein Wasserfall ergossen sich die zwölf Hunde den Berg hinunter und eilten zum Start. Dabei mussten sie einen Begrenzungspfahl umfahren. Die letzten Hunde nahmen den Bogen zu eng, der Schlitten rammte gegen den Pfahl, kippte um und wurde seitlich mitgeschleift.

Mit Riesenschritten lief der Musher hinterher, richtete das Gefährt auf, sprang auf die Kufen. Keiner der Führer schimpfte und trotz der Eile machten alle einen gelassenen Eindruck. Umso aufgeregter waren die Tiere. Einige sprangen, wie von Federn abgedrückt, mit allen vieren in die Luft. Die beiden letzten hatten die Ruten fest zwischen die Hinterbeine geklemmt und standen scheinbar ruhig da. Nur ihre Beine zitterten, die Pfoten fest in den Schnee gestemmt. Und schon ging es los.

»Sollten wir nicht ein Stückchen laufen?«, fragte Mom. »Der Wind ist so kalt.«

»Ich würde gern sehen, wie sie ankommen«, meinte Anne. »Lasst uns ihnen entgegengehen.« Alle drei stapften schwatzend los. Neben der Rennpiste war ein Pfad in den Schnee getrampelt. Bald ging es bergab durch ein Wäldchen. Helm schüttelte an einem Fichtenast, sodass der herunterstiebende Schnee Anne in den Nacken fiel.

»Igitt, das gibt Rache!« Anne nahm eine Hand voll Schnee, rannte hinter ihm her, um ihm den Schnee in den Nacken zu stopfen. Aber Helm war schneller.

»Warte nur! Ich erwisch dich schon noch«, drohte sie.

Aus dem Wald heraustretend, kamen sie zu einem welligen Wiesengelände. Hier war die Piste seitlich mit Papptafeln ausgezeichnet. Hin und wieder ragte auch ein langer Holzpfahl aus der Erde. Mutter blieb stehen.

»Herrlich, diese Stille. Und die saubere Luft! Wenn ich an München denke!« Sie atmete tief.

»Da kommen sie!« Anne hatte das Gespann zuerst entdeckt. Eigentlich nicht das Gespann, sondern nur den Kopf des Mushers. Die viel kleineren Hunde waren noch in der Senke versteckt. Bald sah man Schulter und Brustnummer und dann zog das Gespann den Hügel hinauf.

»Ist das nicht toll: Der bunt gekleidete Mann, dazu die Hunde mit ihren schneefarbigen Beinen und den roten Zungen, die bunten Geschirre.« Anne konnte sich nicht satt sehen.

»Möchtest du solch einen Hund haben?« Helm sah fragend zu Anne hinunter. Die überlegte.

»Ich weiß nicht recht. Hier, so im dicken Schnee und bei Kälte schon. Aber was machen solche Teddys im Sommer bei 30 Grad? Sie können doch ihren Wintermantel nicht ausziehen. Im Sommer habe ich mal mit einer Frau gesprochen, die einen Wolfsspitz hat; die sehen ja ein bisschen ähnlich aus und haben auch so langes Haar. Sie sagte, im Sommer sei der Hund kaum aus dem Haus zu locken. Dann liegt er am liebsten im Flur auf den Fliesen und kühlt sich den Bauch ... Trotzdem. Mit solch einem Gespann durch den Wald fahren, das ist schon eine tolle Sache.«

Ein neues Gespann tauchte auf. Man konnte die anfeuernden Rufe von weitem hören.

»Die sind ziemlich geschafft. Jedenfalls galoppieren sie nicht mehr.« Helm hatte sich auf die Zehen gestellt, um besser sehen zu können.

»Da kommt schon der nächste. Mal sehen, wie die aneinander vorbeikommen.« Die Gespanne fuhren, angefeuert von den Mushern, eine kurze Zeit nebeneinander her. Plötzlich hielten sie an. Über die Entfernung konnte man Einzelheiten nicht erkennen. »Ein Jammer, dass ich kein Fernglas habe.« Helm hüpfte auf der Stelle. »Ob die sich ineinander verbissen haben?« Es schien ein einziges Gewühl von grauen Leibern. Scharfe Rufe waren zu hören. Dann lief der Musher des einen Gespannes nach vorn. Die Gespanne trennten sich und zogen für kurze Zeit hintereinander her. Doch bald wurde der Abstand zwischen ihnen größer. »Das hätte ich gern aus der Nähe gesehen«, meinte Anne.

Der Wind fegte Pulverschnee von den Ästen und wölkte so dicht über die Wiesen, dass man die Gespanne kaum sehen konnte.

»Richtig stilecht.« Mom zog die Handschuhe aus und rieb sich die klammen Finger. Der Weg ging langsam, aber stetig bergab. Wieder kam ein Gespann. Sie traten zur Seite. Die Hunde galoppierten recht frisch, obwohl es bergauf ging. Das Mädchen hinter dem Schlitten stand nicht auf den Kufen, sondern lief, um die Hunde zu schonen, hinterher, nur eine Hand lag am Bügel.

»Sind die anderen auch so langsam?«, keuchte sie herüber.

»Ihr seid viel schneller«, ermutigte Helm sie.

»Lauft, lauft«, feuerte sie ihre Tiere erleichtert an.

»Und ich dachte, nur die Prüfung mit den Langlaufschiern sei eine sportliche Leistung.« Anne schaute dem Gespann bewundernd nach.

»Kinder, der Wind wird immer stärker. Lasst uns umdrehen. Ein bisschen Atmosphäre haben wir ja geschnuppert.« Der Mutter war es sichtlich kalt. So stapften sie den Weg zurück. Schon von weitem hörten sie das inzwischen vertraute singende Geheul. Am Start war das gleiche Treiben wie vorher. Eben fuhr ein Gespann durchs Ziel.

»Mensch, sind die noch schnell.« Helm puffte Anne in die Seite. »Mal zählen, wie viele das sind.« Sie stolperten den Weg entlang, um näher heranzukommen. Die Hunde standen den leicht ansteigenden Hügel hinauf, immer zwei nebeneinander. Sie waren ganz allein. Weit und breit war kein Helfer zu sehen. Die Flanken

der Hunde vibrierten. Mit lang heraushängenden Zungen standen sie keuchend da und warteten geduldig. Einer von ihnen wälzte sich genüsslich im Schnee. Als der Musher mit einem Blecheimer den Berg herunterkam, hob der weiße Hund an der Spitze aufmerksam den Kopf und kam ihm entgegen. Der Mann trat an die Spitze des Gespannes, holte ein Stück rohes Fleisch aus dem Eimer, schnitt ein handgroßes Stück ab und schob es dem Weißen ins Maul. »Happ«, war es weg. Der Hund leckte sich kurz die Lefzen und beobachtete gelassen, wie sein Kamerad gefüttert wurde. Einer nach dem anderen bekam seine Belohnung.

»Schau nur, wie ruhig sie dabei sind. Keiner ist eifersüchtig oder futterneidisch auf den anderen.« Helm bewunderte den Hundeführer. »Dabei haben sie doch sicherlich eine feste Rangordnung.«

»Es sieht so aus, als bekomme immer der Stärkere von den beiden zuerst«, meinte Mom. Der Musher band den weißen Leithund am Stake-out fest. Danach spannte er alle nacheinander aus und führte sie weg.

»Ich würde zu gern noch mal an die Stelle gehen, wo sich anfangs so viele verfahren haben. Aus der Nähe sieht's sicher noch interessanter aus.« Anne nickte Helm mit blitzenden Augen zu. Beide waren unersättlich in ihrem Wissensdrang.

»Mom, wie sieht's mit dir aus? Du frierst, gell?«

»Ein bisschen schon. So ein heißer Mushertrunk im Zelt wäre nicht zu verachten. Aber ich geh natürlich mit.« Damit schob sie ihre Fäuste tief in die Jackentasche. Ein Weilchen liefen sie im Windschatten des Waldes. Über ihren Köpfen orgelte nun ein regelrechter Sturm in den Bäumen. Rechts oben am Hang war kaum noch etwas erkennbar. Hunde, Menschen und Fahrzeuge, alles war in aufwölkenden Schnee gehüllt.

»Man kann sich richtig vorstellen, wie es in Alaska aussieht«, schwärmte Anne.

Um zur Brücke zu kommen, mussten sie den Windschatten des Waldes verlassen und über eine freie Fläche laufen. Der Sturm sprang sie hier mit aller Macht an, zerrte an den Jacken, peitschte ihnen nadelspitze Eiskristalle in die Augen, sodass sie rückwärts laufen mussten. An manchen Stellen kamen sie über kahl gefegte Wiesenstücke. Dann wieder versanken sie bis zu den Knien in einer Schneewehe.

»Kampf mit den Elementen!«, schrie Helm zu Anne

hinüber. Die nickte nur und stapfte verbissen vorwärts, beide Hände über die Augen gelegt.

»Das geht über eine Vergnügungsreise hinaus«, stöhnte Mom. »Ich dreh um und warte im Zelt.« Helm hatte Anne an der Hand gefasst. »Damit du nicht wegfliegst«, brüllte er ihr ins Ohr. Obwohl es ihr einerseits nicht passte, überließ sie ihm doch ihre Hand. Mühsam, mit gebeugtem Oberkörper und nahezu geschlossenen Augen, kämpften sie sich gegen den Sturm vorwärts.

»Bei solch einem Wetter können die doch nicht mehr fahren!«, brüllte Anne. Doch schon sahen sie ein Gespann die Piste entlangkommen. Die drei Grönlandhunde galoppierten mühsam vorwärts. Der Musher stand geduckt, eine Hand vor den Augen. Die Bahn machte eine sanfte Kurve nach links. An der Art, wie sich die Hunde plötzlich bewegten, beinahe auf der Stelle galoppierten, mit dem Schnee kämpften, sah man, dass das Gespann von der Piste abgekommen war. Die Hunde steckten bis zum Hals im Schnee und sprangen mehr in die Höhe als vorwärts, um sich und den Schlitten wieder auf die richtige Bahn zu bringen. Der Musher war abgesprungen und schrie den Hunden laute Kommandos zu. Die drei schienen ein einziges Knäuel zu sein. Es blieb ihm also nichts anderes übrig, als am Gespann nach vorn zu laufen und die Hunde wieder auf den richtigen Weg zu ziehen. Nun hatten sie die Piste erreicht: »Go, Go!« Willig setzten sich die Tiere in Bewegung. Sie mussten nun genau gegen den Sturm laufen. Die Wolfsaugen halb zugekniffen, Schultern und Flanken weiß von angepeitschtem Schnee, kämpften sie sich tapfer vorwärts.

»Hoffentlich kommen sie bald in den Wald.« Anne schaute ihnen mitleidig nach. Ein paar Helfer kamen vom Start her und liefen die Piste entlang. Mit einem breiten Kunststoffband, das sie an der Außenbahn der Kurve befestigten, wollten sie den Hunden das Auffinden der Bahn erleichtern. Sie knoteten das Band an einem Pfosten fest und zogen es zum nächsten und so weiter. Das Band knatterte laut, wollte sich losreißen. Der nächste Schlitten kam. Auch diese Hunde verfehlten die Piste. Ein Helfer wollte zufassen, den Leithund am Halsband packen.

»Fass den Hund nicht an, Finger weg!«, brüllte der Musher gegen den heulenden Sturm an. Der Helfer stand ratlos da.

»Komm, nimm den Schlitten!«, rief der Musher ihm zu. Kaum hatte der Helfer die Rückenlehne gepackt, sprang der Musher nach vorn, zerrte die Hunde unter dem Flatterband hindurch auf die Piste, und ab ging's in das peitschende Schneetreiben.

»Wie lange willst du noch bleiben?«, fragte Anne Helm zaghaft mit klappernden Zähnen.

»Ich wart nur drauf, dass du nicht mehr willst. Mir ist so kalt. Der Schnee geht durch und durch.«

»Dann sind wir nicht länger tapfer, sondern gehen zu Mom«, entschied Anne.

Zurücklaufen war einfacher. Der Schnee kam so von der Seite, dass sie mit abgewandtem Gesicht vorwärts laufen konnten. Im Schutz des Waldes atmeten sie ein paar Minuten auf. Hier war es beinahe still. Doch dann wurden sie erneut vom Sturm gepackt. Er trieb sie so vorwärts, dass sie beinahe rennen mussten. Am Start wurde schon zusammengeräumt.

»Fertig?«, fragte Helm einen Helfer.

»Zum Glück, ja. Ich möchte keiner von den letzten Fahrern gewesen sein.«

»Und ich nicht einer von den Hunden«, fügte Anne hinzu.

Im Zelt war es heiß und rauchig. Sie mussten ein Weilchen suchen, bis sie Mom gefunden hatten.

»Kommt, schnell was Heißes. Eure Gesichter sind beinahe erfroren.«

Anne nahm vorsichtig ihre Wollmütze vom Kopf, packte sie am Bommel und stellte sie probehalber auf den Tisch. Sie war so steif gefroren, dass sie stehen blieb. Ihr Lächeln darüber gefror buchstäblich, denn jedes Verziehen der Gesichtsmuskeln tat ihr weh. Mom brachte heiße Brühe, und Anne und Helm wärmten sich die Hände an den Bechern. Wie gut tat dieser heiße Trunk!

»Eine Gesichtsfarbe habt ihr! So zwischen blau und lila.« Die Mutter sah beide belustigt an.

»Meine Hose war ganz und gar gefroren. Jetzt, wo sie auftaut, ist es eigentlich noch schlimmer als vorher.« Helm zupfte angewidert an seinem Hosenbein.

»Ich glaube, wir sollten uns auf den Heimweg machen. Je länger wir hier sitzen, umso schlechter wird das Wetter. Die Heimfahrt wird kein Vergnügen.« Sie tranken aus und traten vors Zelt. Noch immer heulte der Sturm mit ungebrochener Macht. Eben kam ein Gespann durchs Ziel. Die Hunde weiß verschneit mit roten Zungen und wölkendem Atem.

»Jetzt wird nicht mehr geguckt, jetzt gehen wir heim.« Mom schob Anne an der Schulter vorwärts. Sie stolperten vorüber an Fahrzeugen und Hunden. Die meisten Hunde lagen, das Gesicht unter dem Schwanz verborgen, und ließen sich einschneien.

Die Straße hinunter bis zum Auto mussten sie rückwärts laufen. Wie feine Stecknadeln peitschte der Schnee in die Augen. Der Weg schien endlos lang. Kaum angekommen stürzten sie sich in das schützende Gehäuse. »So bequem fand ich das Auto noch nie.« Helm räkelte sich auf dem Rücksitz und begann im Programm zu blättern.

Was nun?

»Na, wie hat's geklappt im Schriftlichen?«, überfiel Anne Helm, sobald er die Tür öffnete. »Ich hab dir natürlich die Daumen gedrückt.« Sie reckte ihm beide Fäuste entgegen.

»Das hoffe ich auch. Schließlich macht man ja nur einmal im Leben Abitur. Toi, toi, toi«, fügte er hinzu und klopfte sich an die Stirn: »Holz anfassen. Für meinen Lerneifer war es prima. Es kam genau das dran, was ich gelernt hatte. Jetzt habe ich endlich ein bisschen mehr Zeit für die Hunde.« Er strahlte Anne an: »Was machen wir nun? Gehen wir rein oder laufen wir mit den beiden?« Anne zuckte unschlüssig mit den Schultern. Es war kalt und feucht hier draußen im Vorgarten. Gemütlich im warmen Wohnzimmer sitzen, dabei über die Schule herziehen, das wäre schon verlockend! Doch dann beugte sie sich zu den Dackeln hinunter, die erwartungsvoll zu ihr aufblickten.

»Natürlich laufen wir. Drin sitzen können wir noch, wenn wir alt und grau sind. Gell, ihr zwei wollt rennen gehen?«

»Na, dann hol ich die Leinen«, meinte Helm und ging ins Haus. Anne streichelte die beiden Dackel. Hexe war etwas größer und heller als ihre Schwester Biene. Dafür hatte Biene den schöneren Bart. Dicht und struppig standen die Haare um das kleine Maul. Beide waren nun ausgewachsen und bildschön. Anne war schon auf der Straße angesprochen worden, aus welchem Zwinger die beiden stammten. Wenn sie dann erklärte, dass die beiden nicht einmal Papiere besäßen, war das Staunen stets groß.

»So, wir können gehen.« Helm warf die Haustür hinter sich zu.

»Wo ist eigentlich Nina?« Die Kleine gehörte inzwischen zum Sonntag wie der Spaziergang.

»Sie liegt mit Grippe im Bett. Als sie mich vorhin anrief, konnte sie kaum krächzen. Trotzdem hat sie sich tausendmal entschuldigt, dass sie nicht kommt. Ihre Mutter hat es ihr strengstens verboten. Sonst wäre sie auch mit Fieber gekommen.«

»Komisch, mir fehlt sie richtig. Sie ist so ein lieber Kerl«, sagte Anne. »Stimmt. Mir fehlt sie auch. Anfangs war ich sehr misstrauisch, ob ihre Begeisterung echt ist. Aber gerade in letzter Zeit war sie unheimlich tüchtig. Oft ist sie nachmittags mit den Hunden gegangen, wenn Mutter nicht da war. Ein bisschen musste ich doch für die Schule tun.« Er grinste wieder. »Für so ein kleines Mädchen ist sie erstaunlich zuverlässig.«

»Wundert dich das?« Am gereizten Tonfall konnte Helm erkennen, dass Anne bereit war, Nina zu verteidigen.

»Natürlich nicht. Das heißt, es wundert mich schon. Ich glaube nicht, dass ich in ihrem Alter eine Aufgabe so zuverlässig erledigt hätte. Bei ihr kann man sich darauf verlassen, dass sie zur vereinbarten Zeit immer da ist. Dann steht sie strahlend vor der Tür. Mit mir redet sie kaum ein Wort. Dafür erzählt sie den Dackeln alles, was ihr in den Sinn kommt. Ich glaube, sie braucht die Hunde als Ausgleich. Ihre Mutter ist viel auf Reisen, und mit ihrer Großmutter verträgt sie sich nicht besonders gut. Erzählt hat sie nicht viel darüber. Nur ein paar Andeutungen gemacht.«

»Typisch für sie. Über ihre eigenen Probleme redet sie eigentlich nie. Weißt du noch, wie wir sie kennen gelernt haben? Damals hat sie auch keine großen Worte gemacht.« Anne bewunderte die Art, mit der sich Nina durchsetzte, um zu erreichen, was sie wollte. Sie bettelte nicht und weinte auch keine Mitleid heischenden Tränen, wenn sie etwas erreichen wollte. Mit unbeirrbarer Sicherheit forderte sie ein, was ihr zustand. Helm musste die gleichen Gedanken gehabt haben wie Anne. Er sagte:

»Wenn ich mir vorstelle, Nina möchte irgendetwas anderes, was nicht so leicht zu erfüllen ist wie der Wunsch, Hunde auszuführen. Ich glaube, an ihr könnte man sich die Zähne ausbeißen. Sie ist hart wie Granit und tut nur das, was sie für richtig hält. Die Großmutter hat es sicherlich nicht leicht mit ihr«, überlegte Helm.

»Das glaube ich auch. Trotzdem imponiert sie mir in ihrer Art.«

Sie liefen ein Weilchen schweigend nebeneinander her. Schließlich gab sich Anne einen Stoß. Obwohl sie es nicht wahrhaben wollte, war sie bedrückt von dem Gedanken, dass Helm nun bald mit der Schule fertig sein würde. Was dann? Er musste einen Beruf erlernen und studieren. Würde er in München bleiben? Was würde aus den beiden Hunden werden? Dass sie Helm vermissen würde, wollte sie sich nicht eingestehen. Sie räusperte sich laut und versuchte ihrer Stimme einen unbefangenen Ton zu geben: »Sag mal, was machst du eigentlich, wenn du dein Abi hast?«

»Studieren natürlich. Was denn sonst? Ich werde Tiermedizin studieren. Wenn ich daran denke, was wir mit Julia erlebt haben! Da kann man doch nur Tierarzt werden, um diesen bequemen Typen ein bisschen auf die Sprünge zu helfen.«

Er sagte das so sicher, als sei diese Frage ziemlich überflüssig. Anne überlegte schweigend. Wie Recht er hatte! Gemeinsam hatten sie erlebt, wie Julia durch die Nachlässigkeit eines Tierarztes gestorben war. Nun wollte er dieses Studium ergreifen, um es besser zu machen.

»Meinst du, dass deine Noten dafür ausreichen?«, fragte sie.

»Das glaube ich nicht«, strahlte er. »Aber ich komme bestimmt über das Losverfahren rein! Und wenn nicht, dann gehe ich nach Italien. Dort braucht man nicht so gute Zeugnisse. Ich habe mich erkundigt.«

Italien! So weit weg! Anne schwieg ein Weilchen. Dann fragte sie zögernd: »Und was wird aus den Hunden?«

»Wenn ich hier einen Studienplatz bekomme, dann bleibe ich vielleicht in München. Die Uni hier ist recht gut. Und wenn ich nach Italien gehe, dann nehme ich Biene mit. Das ist ja klar.«

Anne hatte das Gefühl, als bekomme sie einen Hammer auf den Kopf. Peng! Helm ging mir nichts, dir nichts nach Italien. Mit Biene. So einfach war das!

Um die aufsteigenden Tränen zu verbergen, musste Anne sehr gründlich an ihrem Schuhbändel nesteln. Dabei dachte sie an die kleine Nina. Ach, Nina hätte niemals gefragt: »Und was wird aus mir?« Sie hätte ein gelassenes Gesicht gemacht und sich nichts anmerken lassen. Das war die einzige Möglichkeit, die Anne nun blieb.

Wenn dein Hund krank wird

Es wäre vermessen, in diesem Kapitel ausführlich Ratschläge für die Behandlung von kranken Hunden geben zu wollen. Dazu ist der Tierarzt da. Die beste Gesundheitsvorsorge ist ein ausgewogenes Futter. Dazu kommen ausreichende Bewegung und gute Pflege. Zu diesen Voraussetzungen muss aber noch ein ganz wichtiger Punkt treten: deine Beobachtungsgabe. Je genauer du deinen Hund kennst, je eher du spürst, wann es ihm gut geht oder wann er sich unwohl fühlt, umso eher kannst du ihn zum Tierarzt bringen, wenn es ihm schlecht geht. Der Hund kann nicht sagen, was ihm fehlt. Deshalb ist es für den Tierarzt eine große Hilfe, wenn du ihm jede Veränderung seines Verhaltens schildern kannst. Ein paar der geläufigsten Krankheiten findest du hier.

Augen: Die häufigste Augenerkrankung ist die Bindehautentzündung. Meist entsteht sie durch Zugluft. Die Augen brennen und tränen. Der Hund versucht sich mit der Pfote das juckende Auge zu kratzen. Mit Augentropfen vom Tierarzt kann man dem Hund meist rasch helfen. Man träufelt ein paar Tropfen in das untere Lid und verteilt die Flüssigkeit dann. Kleinere Hunde stellt man zu dieser Behandlung auf eine Bank. Bei einigen Rassen ist das herunterhängende Unterlid ein Rassemerkmal. Deshalb leiden Bernhardiner, Basset-Hounds und St.-

Hubertus-Hunde vorwiegend an einer Bindehautentzündung. Ist das Auge vereitert, so muss man den Hund unverzüglich dem Tierarzt zeigen. Eine beginnende Staupe, diese zu Recht gefürchtete Krankheit, meldet sich durch vereiterte Augen an. Tränt das Auge stark und hält der Hund das Lid geschlossen, dann muss man immer einen Fremdkörper vermuten. Niemals darfst du den Hund mit einer spitzen Pinzette selbst behandeln! Wie schnell hast du dabei die Hornhaut verletzt.

Bisswunden sehen oft schlimmer aus, als sie sind. Bevor man zum Tierarzt geht, sollte man die Wunde vorsichtig mit einem sterilen Tuch und Kamillentee oder Arnika-Wasser auswaschen. Ist die Wunde sehr tief oder klafft sie, so sollte sie dem Tierarzt gezeigt werden.

Blutungen am Penis sollte man sofort dem Tierarzt zeigen, sofern man nicht sicher ist, dass es sich um eine äußere Verletzung handelt. Immerhin besteht dabei der Verdacht auf Prostata-Krebs.

Erbricht der Hund, so kann das verschiedene Ursachen haben. Vielleicht hat er sich überfressen. Manche Hunde brechen auch, nachdem sie Gras gefressen haben. Die scharfen Ränder der Halme reizen den Schlund. Ein Alarmzeichen, das zu raschestem Handeln zwingt, ist das würgende Erbrechen, ohne dass Futter kommt. Hier ist allerhöchste Eile geboten, denn der Verdacht einer *Magenumdrehung* liegt in diesem Fall sehr nahe. Hier kann nur der Tierarzt helfen, wenn der Hund unverzüglich zu ihm gebracht wird!

Eine einmalige *Futterverweigerung* ist nicht tragisch. Vielleicht legt der Hund freiwillig einen Fastentag ein, um sich zu reinigen. Macht er dabei allerdings einen kranken Eindruck, so sollte man den Tierarzt fragen!

Gebärmutterentzündung: Hat eine Hündin besonders starken Durst, so sollte man dies nicht einfach nur mit dem heißen Wetter abtun. Auch wenn sie munter und fidel erscheint, liegt der Verdacht einer Gebärmutterentzündung nahe. Blutungen aus der Scheide außerhalb der Läufigkeit sind ebenfalls verdächtig. Oft tritt die Gebärmutterentzündung vier Wochen nach der eigentlichen Hitze auf. Deshalb muss man die Hündin in dieser Zeit besonders gut im Auge haben.

Hautkrankheiten: Leider nimmt auch bei den Hunden die Neigung zu allergischen Hautkrankheiten und Ekzemen zu. Weshalb es zu diesen Reaktionen kommt, wissen auch viele Tierärzte nicht. Vermutlich haben die Allergien jedoch etwas mit der allgemeinen Umweltbelastung zu tun. Manche Hunde reagieren auf bestimmte Pflanzen, andere auf Kunststoffe oder Futtermittel allergisch. Lässt sich der Grund für die Reaktion finden, so ist es relativ einfach, dem Hund zu helfen: Man meidet diese Stoffe. Es ist aber ziemlich schwierig, dies herauszufinden. Bevor man zum Tierarzt geht, kann man selbst versuchen, ob man den Grund für die Allergie ausmachen kann. Man wechselt das Material von Lager, Halsband und Leine. Nützt das nichts, so stellt man das Futter um. Ich kenne einen Hund, der auf Fleisch allergisch reagiert. Seit er Nudeln, Gemüse und pflanzliches Eiweiß bekommt, ist sein Ekzem nahezu geheilt. Bei einem allergischen Ekzem bekommt der Hund roten Ausschlag. Man sieht es besonders deutlich an wenig behaarten Stellen wie Bauch und Innenschenkel. Der Hund kratzt sich unablässig. So kommt es neben dem Ekzem zu einer Infektion. Zwar kann der Tierarzt mit Medikamenten kurzzeitig helfen, eine grundlegende Besserung erzielt man nur, wenn der Grund für diese Reaktion gefunden wird.

Nesselausschlag bekommen hauptsächlich Welpen und kurzhaarige Hunde. Er wird durch Brennnesseln oder Insektenstiche verursacht. Der Kopf schwillt plötzlich an und ist mit Quaddeln bedeckt. Mitunter kommt es zu Atemnot. Dieser Ausschlag sieht bedenklich aus, geht jedoch meist rasch zurück. Bei Atemnot sollte man zum Tierarzt gehen.

Räude wird durch Milben ausgelöst. Der Hund bekommt kahle Stellen, die stark jucken. Nur durch ein Hautgeschabsel kann der Tierarzt unter dem Mikroskop erkennen, ob der Hund von Räudemilben heimgesucht wurde. Der Tierarzt hat verschiedene Präparate, mit denen man den Hund baden muss. Diese Behandlung ist langwierig und ziemlich lästig. Damit sie erfolgreich ist, muss der Hund meist geschoren werden. Die Räudemilben sind rasch von Hund zu Hund übertragbar. Menschen befallen sie selten.

Pilzinfektionen sind bei Hunden nicht selten. Am häufigsten ist die Glatzflechte, die auch auf Menschen übertragbar ist. Deshalb sollte man juckende, kahle Stellen nie auf die leichte Schulter nehmen, sondern immer den Tierarzt fragen!

Einen *Hitzschlag* erleiden Hunde, die längere Zeit in einem heißen Auto verbringen müssen. Ihre Körpertemperatur steigt bis auf 45 Grad an. Sie taumeln beim Laufen oder werden ohnmächtig. Ein Guss mit kaltem Wasser kann rasch helfen. Wie schon im Kapitel »Im Urlaub und auf Reisen« (Seite 262) erwähnt, darf man Hunde niemals in einem unbelüfteten Auto in praller Sonne stehenlassen!

Hüftgelenksdysplasie ist eine angeborene, vererbbare und krankhafte Veränderung der Hüftgelenkspfanne. Besonders große Rassen leiden unter HD, wie der Fachmann sagt. Kauft man einen Hund einer größeren Rasse (Schäferhund, Bernhardiner, Dogge, Boxer u. a.), so sollte man sich vom Züchter ein tierärztliches Gutachten vorlegen lassen, in dem bestätigt wird, dass beide Elterntiere HD-frei sind. Zur Zucht dürfen nur gesunde Hunde zugelassen werden.

Lahmheiten können verschiedene Ursachen haben. Vielleicht hat sich der Hund das Bein vertreten oder eine Sehne gezerrt? Nach einem Unfall ist ein Bruch nicht ausgeschlossen. Der Hund kann jedoch auch Arthritis, Bandscheibenschaden, Knochenentzündung oder eine Hüftgelenksdysplasie haben. Die Ursachen können also sehr unterschiedlich sein. Grundsatz: Bei geringer Lahmheit beobachten, bei stärkerer oder anhaltender Lahmheit den Tierarzt fragen.

Ohren: Trotz regelmäßiger Pflege kann der Hund Probleme mit seinen Ohren bekommen. Wenn er sich mit der Pfote im oder am Ohr kratzt, dann hat er meist Ohrmilben. Dieses nur mit der Lupe erkennbare Ungeziefer ist sehr verbreitet. Milben brauchen als Brutstätte feuchte Wärme. Deshalb sind besonders Hunde mit eng anliegenden Hängeohren wie Bassets und Spaniels davon betroffen. Grundsätzlich jedoch kann jeder Hund Ohrmilben bekommen. Der Tierarzt hat ein Mittel gegen diese Untermieter. Zur Behandlung nimmt man die Ohrspitze hoch und träufelt ein paar Tropfen Flüssigkeit in den Gehörgang. Danach reibt man mit der flachen Hand die Ohrmuschel, damit sich das Medikament im Innenohr gut verteilt. Diese Behandlung muss vierzehn Tage lang wiederholt werden, um die Insekten abzutöten. Hat der Hund verkrustete Kratzstellen im Innenbereich der Ohrmuschel, so streicht man mit einem Wattestäbchen Lebertransalbe auf. Bei starken Ohrenschmerzen oder jauchigem Gestank sollte man immer den Tierarzt fragen. Milben darf man nicht auf die leichte Schulter nehmen, denn ein starker Befall kann zur Taubheit führen. Bisswunden am Ohr kommen bei einer Rauferei häufig vor. Auch hier sind langohrige Hunde im Nachteil. Meist sehen die Wunden schlimmer aus, als sie sind. Bei blutenden Rissen hilft Arnikatinktur, bei Krusten Lebertransalbe.

Scheinschwangerschaft: Es gibt Hündinnen, die nach der Brunst Anzeichen einer Trächtigkeit haben, obwohl sie nicht gedeckt wurden. Ihr Leib schwillt an, das Gesäuge wird dick. Alles geschieht wie bei einer echten Trächtigkeit. Die Hündin sucht nach einem Wurfplatz, baut sich ein Nest, hat sogar Milch. Nur die Jungen fehlen. Es dauert etwa eine Woche, bis die Hündin wieder »normal« ist.

Man sollte ihr eine alte Decke oder ähnliches Material geben, das sich zum Nestbauen eignet. So kann sie ihren Trieb befriedigen. Um den Milchfluss nicht übermäßig anzuregen, gibt man ihr in diesen Tagen gehaltarmes Futter. Gefährlich ist diese Scheinträchtigkeit nicht. Es ist jedoch recht lästig, wenn sie öfter auftritt. Manche Tierärzte raten zu einer Hormonspritze. Jeder Eingriff in den recht komplizierten Hormonhaushalt ist nicht ganz ohne Risiko. Man sollte sich deshalb diesen Schritt gut überlegen. Auch eine einmalige Trächtigkeit der Hündin ist keine Gewähr dafür, dass die Scheinträchtigkeit damit behoben ist. Möchte man mit einer Hündin nicht züchten, so ist es am einfachsten, wenn man ihr die Gebärmutter entfernen lässt. Man erspart sich dadurch gleichzeitig die sehr aufreibende Zeit der Läufigkeit. Es ist ein Ammenmärchen, dass Hündinnen durch eine Sterilisation in jedem Fall dick werden müssen. Mit ein bisschen mehr Bewegung, die ihr sowieso nicht schadet, lässt sich ihre Figur erhalten.

Würmer sind zunächst unsichtbar und deshalb besonders hinterlistige Schmarotzer. Ich möchte niemandem Angst machen. Es ist jedoch möglich, dass der Spulwurm auf Menschen übertragen wird. Zwar geschieht das recht selten, trotzdem sollte man Acht geben. Jeder Hund muss gewissenhaft entwurmt werden. Vom Spulwurm befallen sind meist junge Hunde und trächtige Hündinnen. Die Eier des Wurmes kleben am Hinterteil des Jungtieres. Wird es nun auf den Arm genommen, so gelangen sie unter Umständen in den menschlichen Körper. Die Larven durchwandern den Körper und können sich am Augenhintergrund festsetzen, so dass der Mensch erblindet. Dies ist kein Grund, sich keinen Hund anzuschaffen. Er muss nur sachkundig behandelt werden. Außerdem sollte man sich nach jedem Kontakt mit dem Tier gründlich die Hände waschen!

Ist der Hund von einem *Bandwurm* befallen, so magert er trotz gutem Appetit ab und bekommt ein stumpfes Fell. Teile des Bandwurmes, in denen sich abgelegte Eier befinden, erkennt man manchmal im Kot des Hundes. Flöhe und Haarlinge dienen dem Bandwurm als Zwischenwirt. Ohne diese kann er sich nicht weiterentwickeln. Daher ist die beste Vorbeugung gegen Bandwürmer, seinen Hund von Haarlingen und Flöhen freizuhalten. Bei der Behandlung gegen diese Ungeziefer muss immer das Lager mitbehandelt werden. Gegen den Bandwurm selbst hat der Tierarzt ein Mittel. Junge Hunde müssen selbstverständlich nach einem strikt eingehaltenen Plan entwurmt werden. Die erste Wurmkur gegen Spulwürmer bekommt der Welpe bereits mit vier Wochen. Bei einem erwachsenen Hund lässt man am besten den Kot untersuchen. Das ist besser, als den Hund auf Verdacht zu entwurmen. Immerhin enthält jedes dieser Präparate Gift.

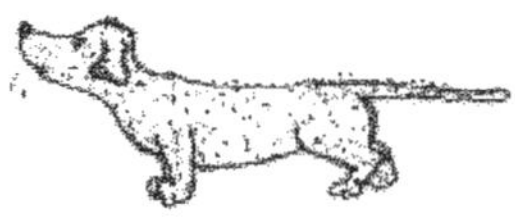

Zahnstein braucht bei einem gepflegten Hund nicht vorzukommen. Wie du das Gebiss deines Hundes behandelst, steht im Kapitel »Die tägliche Pflege« (Seite 226). Tiere, bei denen der Zahnstein nicht entfernt wird, können Zahnfleischbluten bekommen. Dadurch bildet sich das Zahnfleisch am Zahnhals zurück. Die ungeschützten Nerven am Zahnhals schmerzen dann, sobald der Hund kalte Luft einatmet oder kaltes Wasser trinkt. Auch ein Hund kann faule Zähne bekommen. Man merkt das an seinem unangenehmen Mundgeruch. Einen faulen Zahn muss der Tierarzt entfernen.

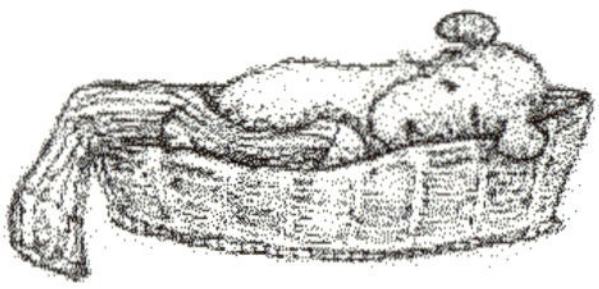

Stichwortverzeichnis

Tierkinder in Not –

neue Abenteuer mit den kleinen Tierfreunden

Band 5 OMNIBUS Nr. 20631
Pony-Parade

Band 6 OMNIBUS Nr. 20632
Kükenglück

Band 7 OMNIBUS Nr. 20652
Stups, der Streuner

Band 8 OMNIBUS Nr. 20653
Eltern für das Entchen

Weitere Titel in Vorbereitung!

OMNIBUS

Der Taschenbuchverlag
für Kinder und Jugendliche
von Bertelsmann

Kinderbücher ab 8

Die große Erfolgsreihe von

Enid Blyton

Die »RÄTSEL«-Serie bei OMNIBUS

Wer kennt es nicht, dieses herrliche Gefühl, wenn die Ferien endlich beginnen? Stubs, Dina, Robert und Barny, die Freunde aus der »Rätsel«-Reihe, können es jedesmal kaum erwarten, sich wieder zu treffen.
Ob Oster-, Sommer-, Herbst- oder Weihnachtsferien – ihnen ist nicht nach Faulenzen zumute, denn aufregende, spannende und manchmal auch komische Abenteuer sind zu jeder Jahreszeit zu bestehen.

Band 1	OMNIBUS Nr. 20188
Rätsel um das verlassene Haus	
Band 2	OMNIBUS Nr. 20189
Rätsel um die grüne Hand	
Band 3	OMNIBUS Nr. 20190
Rätsel um den unterirdischen Gang	
Band 4	OMNIBUS Nr. 20191
Rätsel um den geheimen Hafen	
Band 5	OMNIBUS Nr. 20192
Rätsel um den wandelnden Schneemann	
Band 6	OMNIBUS Nr. 20193
Rätsel um die verbotene Höhle	
Band 7	OMNIBUS Nr. 20194
Rätsel um den tiefen Keller	

OMNIBUS

**Der Taschenbuchverlag
für Kinder und Jugendliche
von C. Bertelsmann**